王牌

店长这样当

ACE MANAGER SHOULD
BE LIKE THIS

通信行业营业厅经理必读

★ ★ ★ ★ ★

王琳 / 乔欣 / 徐蕊

编著

海天出版社（中国·深圳）

图书在版编目（CIP）数据

王牌店长这样当：通信行业营业厅经理必读 / 王琳，乔欣，徐蕊编著. — 深圳：海天出版社，2013.12
（新锐培训系列）
ISBN 978-7-5507-0853-2

Ⅰ．①王… Ⅱ．①王… ②乔… ③徐… Ⅲ．①通信—邮电企业　销售管理—商业服务 Ⅳ．①F626

中国版本图书馆CIP数据核字(2013)第211164号

王牌店长这样当
Wangpai Dianzhang Zheyang Dang

出品人	尹昌龙
责任编辑	许全军　林凌珠
责任校对	钟愉琼
责任技编	梁立新
装帧设计	知行格致

出版发行	海天出版社
地　　址	深圳市彩田南路海天综合大厦（518033）
网　　址	www.htph.com.cn
订购电话	0755-83460137(批发) 83460397(邮购)
设计制作	深圳市知行格致文化传播有限公司 Tel：0755-83464427
印　　刷	深圳市华信图文印务有限公司
开　　本	787mm×1092mm　1/16
印　　张	14.75
字　　数	179千字
版　　次	2013年12月第1版
印　　次	2013年12月第1次
印　　数	1-5000册
定　　价	32.00元

ACE MANAGER SHOULD
BE LIKE THIS

谨献给

通信行业所有的优秀店长们

　　伴随着通信行业竞争的加剧，各大运营商对渠道的定位和认识有了突破性的转变，对于原来一直以服务为主要职能的自有营业厅，在增加了体验、自助功能后，现在将全方位地向销售效能的提升进行深度转型，并加快了销售与业绩指标的重任。各大运营商的营业厅单厅效能、产能的提升也日益明显，并日益成为营业厅跨越式发展的重要使命。

　　店长是营业厅的灵魂，营业厅是否能够成功转型，是否能够担当服务与销售并重的使命，营业厅员工能否成为市场开拓中的排头兵，往往取决于店长的职业素养和核心能力。对于营业厅而言，营业厅既是通信企业的形象窗口，又是为客户全方位办理业务的重要场所。随着体验营销的不断深化，营业厅同时还承担着体验营销、体验活动的重要组织者的角色。对于店长而言，他要在营业厅管理中扮演指挥员、艺术家、策划者、教练、家长等多重角色。要承担公司对他的期望，承担员工对他的期盼，当然也承担着自己对成功的渴望。

在三大运营商营业厅高效高产的发展中，诞生了一大批优秀的王牌店长，他们敢于创新、赋有行动力、勇于接受挑战、勇于超越，在营销活动策划、销售团队打建、客户关系维系等方面都做出了卓越的成就。随着自有营业厅不断地新建和规模扩张，有一大批新的店长补充到这支管理队伍中来，他们渴望学习，渴望成长。与此同时，我们也看到，许多店长有干劲、有激情，但苦于没有系统的管理理论和工作方法：有的店长会销售，但不会带团队；有的店长会服务，但不懂营销；有的店长善于摆平客户，却不会带领团队……因此，我们这本《王牌店长这样当》就是献给全国所有的优秀店长们，在书中 37 个你经常遇到的场景中，通过案例会引发你的思考，通过理论会构建你的认知，通过锦囊会引起你深度的反思。由此，让我们的店长们在不断冲锋陷阵的征途中，获得最宝贵的思想、养分，汲取更多的智慧，构建更强大的作战力量。

ACE MANAGER SHOULD
BE LIKE THIS

目录

ACE MANAGER SHOULD
BE LIKE THIS

第 1 篇
王牌店长的角色认识与职业素养

优秀店长应扮演的角色都有哪些呢？ / 003

营业厅转型了，你转型了吗？ / 010

作为店长，你平常管什么？ / 014

拆掉思维里的墙 / 019

种植什么信念，收获什么结果 / 024

业绩重要，职业操守更重要 / 031

当上店长以后，大家为什么开始疏远我了？ / 036

新官上任三把火 / 041

第 2 篇
王牌店长的团队管理与下属辅导

如何做一个好教练 / 049

店长要学会有效行使权力 / 055

店长如何树立权威 / 059

什么样的员工最能出业绩 / 063

结合员工特点，有效进行辅导 / 067

90 后员工为何这么难管 / 075

开好班会很重要 / 080

有效召开晨会的绝招 / 085

第 3 篇
王牌店长的销售管理

影响营业厅业绩的因素 / 095

如何实现全脑销售 / 101

营业厅的聚客氛围好吗？ / 106

营业厅销售动线和销售触点很重要，你懂吗？ / 112

进厅的客户都是谁？ / 119

你能嗅到客户动机吗？ / 125

擦亮眼睛，锁定你的 3G 目标 / 132

你的店员能否真正深度接触客户呢？ / 137

终端销售，你懂吗？ / 145

如何创造客户？ / 152

如何培养销售高手 / 159

第 4 篇
王牌店长的服务管理与现场管理

店长如何做好服务管理 / 169

现场管理中你如何进行批评？ / 173

营业厅环境管理 / 177

遇到突发事件时，店长应该怎么办？ / 185

如何面对情绪激动投诉升级的客户 / 189

有计划，才能更有效地工作 / 194

营业现场手势管理法 / 212

现场巡视管理 / 224

现场管理三看三问 / 226

第 **1** 篇

王牌店长的角色认识与
职业素养

ACE MANAGER SHOULD
BE LIKE THIS

ACE MANAGER SHOULD
BE LIKE THIS

店长，是你一生诸多角色中此刻正在扮演的最重要的一种角色，它或许是你职业生涯中短暂的一段经历，抑或是你从现在起，在未来相当长时间中每一天都在出演的一个角色，不论你喜欢还是不喜欢，也不论你接受还是不接受，当你进入这个角色的时候，你将慢慢地与这个角色融合起来，它要由你出演，你也要去好好地扮演它。若是一个角色能够给你带来生命中从未有过的一些经历和阅历，一些思考和历练，那么，在未来岁月的某个时刻，会将你今日付出的所有努力用一种智慧的礼物回报给你。

你对角色的认知和对角色内涵在生活中的演绎，决定了你是否能够承担起这个角色；他人对你角色的期盼和规划，决定了你是否能在众人中获得角色的话语权和存在感。能做好王牌店长的人，一定是对角色的认知日益清晰，并且执著地去扮演好的人。在角色管理中，店长最需要完成的是管自己、管团队和管客户，而管自己最重要的就是心态的管理、思维的管理，以及最重要的职业素养的管理，这种管理甚至比你的销售业绩还更为重要。

那么王牌店长应该扮演的角色和这个角色必备的职业素养，又是怎么样的呢？那让我们一起开篇去思考吧。

优秀店长应扮演的角色
都有哪些呢？

一个人一生中要扮演很多种角色，既有社会角色，又有家庭角色，而且随着年龄的增长，承担的角色越来越多，在家里不仅要做儿子、女儿，也将逐渐承担丈夫、女婿、爸爸，抑或妻子、儿媳、妈妈等角色。20岁以后人生的社会角色将日益丰富，人生各种角色的画面逐渐拉开帷幕。每个人承担的角色日益丰富，别人对自己不同的角色期待也日益强烈，因而角色意识不明晰的人对他人角色的期待就会产生恐慌，甚至逃避的心理。

生活和工作中我们常常看到一些人角色混乱，用男朋友面前小鸟依人的感觉来应对职场，或用职场中女强人的面目回去对付家人；也有角色过于单一的人，一生中用一种固化的角色去应付所有不同角色的需要。

现代人在社会中最不能避免的就是职场中的角色，要扮演下属、同事或上司，职场角色最能看出一个人的社会人格是否健全，以及是否养成了角色对应的好习惯，但是与角色要求相知甚远的是我们，在几乎没有经过角色的强化训练之前就匆忙上岗了：没有经过恋爱心理学的熏陶，我们就去恋爱了；没有了解如何做父母，我们就把孩子生下来了；从来没有进行过销售的培训，我们就上岗了；同样，我们也没有任何一个店长学会了做店长以后才去承担店长这个角色。因此，我们在角色扮演中，就会有找不到边界、摸不到南北、看不清方向的茫然和慌乱。只好一边演着这个角色，一边去学习和修正自己的不足，重建这个角色对应的能力。各位手捧着这本书的店长们看到这里一定也会有百感交集的感觉，因为在营业厅转型后，你们也同样面临着成为一个称职的店长的内心渴望，以及领导和下属的期盼。好的，请别急，要相信自己，你会在实践中很快地成长为一个好店长。

不论你是否称职，很多店长身上都有多种角色穿越的现象，让我们来看看吧。

案例

案例一：

王店长是一位和蔼可亲的大姐姐，今年已经 38 岁了，换了数个厅，从营业员干起，做班长，做值班经理，做店长。她对人特别好，嘘寒问暖，大家没吃早饭，她有时候还会带早餐给大家吃；大家不会做的事，她有时候都会加班加点替大家做；每次做销售，冲锋在前的也是王店长本人；有的员工做错账，她晚上在后台重新稽核处理；有的员工一见到客户投诉就惊慌失措，他们最常用的法宝就是急急忙忙地喊"王姐，王姐"；而且王店长非常享受，也习惯了员工们依赖她、依靠她。有一次，营业厅大扫除，她想让几个 90 后的孩子爬到高处去擦玻璃，一看到那几个女孩眼神发怵，表情为难的样子，王店长二话不说指挥大家在底下给她递抹布，自己亲自去擦玻璃。可是每天夜里，王店长躺到床上浑身酸疼得翻来覆去睡不着觉的时候，却在想我这个店长怎么当得这么累呢？他们什么时候才能成长起来呢？哎，带这帮孩子，真是太不容易了。

案例二：

小董刚刚当店长 3 个月，原来的老店长调到了一个新的、更大的营业厅做经理，小董就被提拔了。他是一个年轻帅气的 85 后，原来就是这个店里的销售精英，每个月销售任务不仅完成得好，而且在地市营业厅中都属于佼佼者。一上任店长，小董就觉得大显身手的时候到了，给营业厅的三个销售分配了任务指标，当然他自己也暗自下了决心，一定要做出更好的成绩，以能力服众，做好这把交椅。每天小董都习惯性地站到营业厅销售岗位上，他也非常清楚地知道哪些区域是营业厅最好的销售区域，能够捕捉到"大鱼"，他一边很 happy 地进行着销售，一边督促身边的伙伴赶紧接近客户，去完成自己的任务量。就这样忙碌了半个月，小董一看营业厅的业绩榜，心里着急了：除了自己的业绩依然飘红以外，其他几个销售的业绩反而还不如原来的了。更让小董头疼的是，他发现营业厅服务岗位的员工开始频繁地出现办理业务的失误，每笔业务的办理速度也比原来慢了，引发了很多客户的不满，并引起了投诉，同时店员们对小董的管理能力也在背后嘀咕开了……小董开始焦虑了，我是不是很不适合当店长啊？我竞聘店长就是错误的，还真不如自己做销售呢，管个店又没有多大的好处。

案例三：

小张是一个泼辣能干的时尚美女，性格外向爽朗，在以往的工作中，既干过服务岗，又干过销售岗，近两年一直在做值班经理，是一个在营业厅各个岗位都做得很出色的榜样型员工。竞聘店长半年了，她给自己的定位是：要做管理者就必须有更多的时间去管理别人。所以更多的时候，她在营业厅命令员工，并分配工作，指挥店员干活，昨天店里的饮水机没水了，当水送来的时候，店里只有一个导购小丽闲着，小张对瘦弱、矮小的小丽说："你去把水换了。"小丽很吃力地把水桶抱过去，实在举不动，没法装上的时候，求助地看着店长，小张绷着脸走过去，帮她一起把水桶搬了上去，然后拍拍身子对小丽说："以后自己能做的事一定自己做，不要老依赖我，你们要成长⋯⋯"

锦囊

看完上面的几种案例，你是否已经理解店长的角色定位了呢？让我们一起梳理一下店长的角色功能吧。

店长应该像什么？

教练员：像教练一样发现员工的优点，培养员工的能力。

　　指挥员：像指挥家一样安排与调整工作，掌握工作节奏。

　　导演：将合适的人放到合适的岗位上，充分发挥每个人的作用。

　　家长：成为团队的核心人物，凝聚大家，使团队有家的归属感。

店长不要像什么?

　　劳模型店长：事无巨细地处处做主、事必躬亲，只知道保护店员。

　　警察型店长：只知道罚款，不懂得教育与指导。

　　兄弟型店长：只讲人情，不讲原则。

　　技术型店长：自己业务好，却不想管理，也不会管理。

　　盲人型店长：心中无数，管理随意，每天瞎忙，不知道梳理事情的轻重缓急，头疼医头，脚疼医脚。

通信行业店长素质与能力

店长素质与能力	
领导力 影响力	·具备良好的管理能力，能够熟练地使用管理权力，保障营业厅单元正常运行。 ·已经构建起较好的群体影响力，在团队和员工中树立了比较好的权威，能够感染和调动激发团队成员。 ·对上级具有一定的影响力和建议能力。

续表

店长素质与能力	
沟通与团队	· 比较熟练地掌握与上级、同级、下级的交流工作。 · 具备良好的口头表达能力、演讲能力，以及培训员工的授课能力。 · 与客户沟通达到较好的水准，并且辅导员工不断提升与客户、与同事、与部门的沟通能力。 · 培养了团队良好沟通的氛围和团队成员之间积极沟通和交流的意识，杜绝了团队在沟通中扯皮、散布负面情绪、互相指责的不良风气，引领团队建立起良好的沟通习惯和沟通能力。 · 对团队建设的思路和意识日益明晰，明了团队建设的思路和方法，并能够借鉴先进的团队管理经验来进行团队建设，使团队文化成为一种软性的团队管理方式，积极影响着团队成员，塑造起积极、正面的营业厅气氛和加强团队成员彼此之间的交往。 · 建立起基础的团队文化，具备了基础的组织和带动团队活动的能力，构建起了营业厅的团队文化，并开始体现出团队文化和建设的意义。
学习能力	· 对提升岗位能力的知识和经验抱有极大的兴趣，主动接受服务、管理、销售等相关课程的培训，并且能够融会贯通，运用到实践中去。 · 初步具备了在岗位中总结和反思的能力，不断促进自我能力的发展。 · 善于交流，学习经验，并且为我所用。
教练辅导能力	· 明确自己不断培训和辅导下属的责任和习惯，并摸索出有效的辅导下属的能力和方法。 · 懂得现场教育和机会教育的一些方法，不失时机指导下属和团队。

续表

店长素质与能力	
问题管理能力	·面对问题已经能做到从容和自信，并积累起对营业厅管理中常规问题解决的思路和方法。 ·能够指导员工，积累问题处理的能力，并总结出一些步骤和方法。 ·已经体会到问题处理能力才是真正考验管理者核心能力的重要部分。
组织 决策力	·已经基本掌握基层管理者的组织和决策能力，对目标的设定、目标达成、目标的组织已经构建起有效的方法。 ·基本建立起敢于决策、善于决策的能力基础，在决策中已经有了创新意识和完善能力。
时间管理能力	·能够熟练掌握时间管理的原则和方法。 ·工作中计划和安排有了完整而清晰的步骤。 ·有效提升了工作效率，并且辅导员工界定重要事情、紧急事情之间的区别，提升团队整个时间管理能力。
召开班会与例会	·能够有效利用例会和班会，分配任务，激励员工，打造团队的凝聚力。 ·班会及例会的效果明显，员工参与度提高，达到了较好的效果。
协作 能力	·能够有效地调动内部其他部门和资源，配合营业厅的工作并完成任务，能够争得领导的支持，争得管理层的理解，为自己营业厅工作的推进获得更有利的保障。 ·具备良好的外部公共关系管理能力，在外部协作和社会交往中能够推动营业厅目标的达成及配合。

营业厅转型了，
你转型了吗？

随着电信行业营业厅转型的深化，营业厅的产能和效能也日益提高，新店开设、老店改造也在全面地推进，诞生了一大批优秀店长，他们中既有从员工中脱颖而出的新店长，也有原来以服务为主的在营业厅中继续承担新型营业厅店长的老经理。在全国很多地方的营业厅，我们都看到了标识统一、门头统一、柜台陈列统一、终端摆放统一的崭新面貌，给消费者带来了耳目一新的感觉。

从硬件来看，营业厅都纷纷转型了，但核心要素是否转型了呢？前段时间最流行的电影《一代宗师》中有一句经典的话："有人活成了面子，有人活成了里子。"拿这句话来看我们的店长们，也有非常有趣的发现；有的营业厅做成了"面子"，有的营业厅做成了"里子"。有"面子"的营业厅形象高端、场面大气、客户华丽、店员漂亮，但业绩却迟迟升不起来；有"里子"的营业厅，地处街边巷背、客户拥挤、店员平凡、面积狭小，可是却创造出比大家预期中好得多的业绩。

不知你做了这样的思考吗？转型到底是哪些方面的转型呢？你是否真正具备了全方位的推进营业厅转型的能力呢？

案 例

　　新华营业厅店长小孟做厅经理已经有 3 年了，她把营业厅管理得井井有条，客户投诉率非常低，员工的服务标准也执行得非常好。她率领的营业厅曾经获得省市"文明营业厅"的称号，每一天小孟巡视现场，都会对营业员的衣着、礼仪、行为等不断地进行提醒，使整个营业厅服务形象有模有样。

　　每天小孟在营业厅巡视的时候，看到井井有条的服务场面，她都感觉到很欣慰，对营业厅的感情就如同家一样，她要维护，不喜欢出现一点不和谐的声音。

　　一天中午 11：00，小孟走到了营业厅的体验区，看到被营业厅姐妹们称为"小林志颖"的销售顾问王大磊，带着一群客户正在玩卡丁车游戏比赛软件，三四个年轻人围着大磊玩得不亦乐乎，大磊还用小礼品给大家作奖励，而他自己也参与其中，像个孩子似的兴高采烈。小孟一下子火了，急忙走过去呵斥大磊道："上班时间你不好好卖手机，还跟客户在这儿玩，像什么样，赶紧收了。"大磊突然间尴尬起来，急忙压低声音辩解道："他们几个是陪着客户来办业务的，我看他们闲在这儿没事干，所以就组织大家玩一下，好跟他们套一下近乎。"小孟继续指责说："我最不喜欢看到营业厅乱哄哄的样子，要卖手机就好好卖，搞什么搞。"大磊争辩道："不是说要向光明厅学习吗？他们不就是因为客户参与体验活动做得丰富，所以才能聚更多的客户吗？"小孟正色道："卖手机就是卖手机，说清楚价格、说清楚套餐就好了，不要整那么多花样，浪费时间，还把营业厅弄得乱哄哄的，领导经常来检查呢，赶紧收了，你好好回到岗位上去。"听完这一番话，大磊悻悻然地走了。下午，小孟看到有四五个年龄偏大的客户坐在等候区，无聊地发呆，就让导购服务员小何去询问客户有什么需要帮助的，小何回来之后汇报说："他们等着缴费，引导他们到自助缴费机办理，他们都说年龄大了不习惯，还是等着排队吧。"小孟就想，都说营业厅转型要改变客户消费习惯，但是哪有那么容易，客户都有自己根深蒂固的习惯，就由他们去吧。

锦囊

　　营业厅转型是一个全方位的转型，不是一个简单的问题。转型是否成功，能不能变成一个具有很强销售能力的作战单元，更多取决于店长的意识和运作整个营业厅的能力，甚至要改变传统营业厅店长的管理特点，成为服务与销售并重，效能和产能齐飞的"双强店"。在营业厅转型中做店长，不仅要有面对新的形势快速改变和接受新局面的强烈意识，更需要在店长的领导下全方位地进行营业厅转型，否则就很可能陷入这样的一种怪圈：营业厅转型了，人的意识没转型；各类硬件转型了，人的行为没有转型；手机终端转型了，销售技巧没有转型；业务指标转型了，管理考核没转型；应用内容转型了，宣传方式没转型；客户需求转型了，细分定位没转型；体验为王转型了，话术沟通没转型。

营业厅成功转型，包括硬件和软件两个综合要素，当公司把硬件都落实到位后，人的因素就是重中之重了，人的因素中，店长的思路、认识、思维又起了决定的作用。现今的店长都应该把营业厅看作是一个创造业绩的场所，一个想办法让营业厅各个方面都产生效益的人，一切有利于营业厅销售业绩提升的方法都应该尝试和创新。在上个案例中我们看到，年轻员工王大磊在接受新事物、新方法上比他的店长更强，他缺的是方法和具体实操的步骤，但他却敢于打破常规，走一条新路。在案例中我们同时也看到，小孟面对老问题却没有新办法。

哲人说过：捆住自己脚的，就是你的思想。

作为店长，
你平常管什么？

　　我们常说"店长，店长，一店之长"。那么做了店长以后，平常的主要工作应该是什么呢？有的店长说：抓销售啊，因为营业厅转型首先要完成任务指标，没有业绩老板不高兴，一切都无从谈起。有的说：我们营业厅就在市政府旁边，行风检查、行风评议，政府领导都会经常来，众目睽睽之下，我肯定首先要搞服务。又有店长说：我就是 3 个人的小店，收收费，办点一般业务就可以了，谈不上什么管理，大家就是干活嘛。

　　的确，每个店的地理位置、客户群体不同，让店长们有不同的管理想法，何况我们还分 A、B、C 店，也就是说旗舰厅的管理跟一个普通小店的管理在思路和方法上都会有不同，但是总体来说，作为店长，对于营业厅的运营和管理是有一些共同的思路和方式的。

案 例

　　北新街是一个 B 类厅，说大不大，说小不小，典型的
"麻雀虽小五脏俱全"，有店长，有值班经理，也有销售

顾问和营业员。每天的业务量也都在三四百笔，每当出账
日的时候，客户更多。

店长赵川是一个27岁的小伙子，平时衣着时尚，发
型新潮，脑子机灵，做事精巧，以前在其他的手机卖场做
过店长，因为精通3G终端，又很懂智能手机系统，平时
人又能说会道，所以在前阶段北新店装修完毕以后，他就
从干了半年多的南新店竞聘到了这里当店长。

干了2个多月以后，赵川越来越觉得管理上很吃力，
因为他不懂营业厅到底管什么，后来他灵机一动，请来了
南新店的他以前的店长张爽，他称为张姐的优秀店长。

张爽："赵川，当了店长后感觉如何呀？"

赵川："张姐，我每天进店的时候都想干好，可是不
知道营业厅该管什么，我以前在卖场做销售的时候，工作
比较单纯，后来在咱们南新街也主要做销售，虽然经过了
店长上岗前的培训，可是到了实际工作中，还是胡子眉毛
一把抓，理不出头绪啊。"

张爽："那你平常主要在厅里头都做什么呢？"

赵川："每天就盯着大家，看几个员工的工作状态，
只要不出事，营业厅能够正常，我就觉得OK了，另外我
得给自己留点时间来做销售啊。"

张爽："营业厅管理主要有几个方面，第一就是基础
管理，包括三个要素：人、物、环境。环境又包括厅外环
境和厅内环境，你按照咱们公司的规定进行掌控就可以；
物包括物品、终端、物料、设备、台席、手机等，侧重它
们的摆放位置、整洁程度和是否有序；而人的管理包括员
工的管理和客户的管理，一只眼睛要看员工，一只眼睛要

看客户。"

赵川:"嗯,人、物、环境!张姐这么一说,我心里一下子敞亮了。"

张爽:"营业厅基础管理首先要保证正常运营,使人、物、环境互相协调,相互作用,这时候你要注意首先要预防和处理突发事件,像抢劫、客户有疾病、醉汉、火灾、新闻记者采访、停电等等这些事,你平常要准备一些应急预案,同时要培训员工学会解决这些问题的应对步骤和方法。"

赵川:"应急管理中包括不包括客户投诉呢?"

张爽:"也算,恶劣的或矛盾激化的客户投诉已经不是客户和我们的问题了,他会影响整个营业厅的正常运作,所以投诉管理就非常重要了。"

赵川:"那在营业厅现场管理中,我应该最注意的是什么呢?"

张爽:"现场管理中最为重要的是人员管理,就是我们的员工管理。"

赵川:"员工管理,那我应该侧重哪些方面呢?"

张爽:"员工管理包括他们的礼仪举止和形象管理,因为大部分客户都是视觉型的人,他们喜欢用眼睛来看营业员是否尊重他、是否礼貌待他,所以礼仪举止和服务规范的强化和监控是你在现场中随时要注意的。"

赵川:"是的,这个我们都经常自查和互查。"

张爽:"第二,员工管理中他们的态度很重要,员工的情绪和心态不仅仅是自己的事情,它直接会影响和传染客户。"

看着赵川频频点头，张爽继续说道："员工的业务能力也直接影响现场服务的效率和销售的业绩，营业台上的熟练员工我们称为中级以上的员工，他的办理速度就会更快，因为他们熟练，并且应对客户的能力更强了。同样，中、高级的销售顾问，他们识别客户进行业务推荐的能力也越来越娴熟。在员工中，你需要更多地辅导一些生手和缺乏经验的人。"

赵川："是的，是的，他们之间的能力区别很大。"

张爽接着说道："那么在现场管理中，服务管理也是非常重要的，只有服务管理得好，客户感知才会好，客户满意度提升了，他的忠诚度就会加强，店的口碑就会更好。"

赵川一边挠着头一边说："没想到店长要做这么多事情。"

张爽微笑着看着赵川说："其实还有一件最重要的管理还没讲，那就是销售管理，改天咱们再互相聊聊话题，互相取经，我店里还有事，今天还要赶回去开一个班会，那咱们再联络噢。"

送走张爽，赵川看着营业厅人来人往的情景，陷入了沉思之中……

锦囊

王牌店长应该具备哪些现场管理能力?

能够高效地协调人员、设备、物料的使用,使营业运营保持平稳、顺畅的状态,并能极大地降低成本,使正常运营中获得增效和减耗的作用。

构建了系统应付各种突发事件的能力,不仅自己完全可以独立解决现场各种突发紧急事件,而且引导营业员和销售顾问等不同岗位做到对突发事件的控制能力。

实现了可视化管理的一些方式和套路,如有可视化的管理工具,有相关服务和营销岗位的管理步骤及完善的规范,使大家都能做到各岗位人员控制、物料控制细节的完美性。

对现场服务、营销管理与改善追踪能力不断强化,能够预防和把控现场管理在细节中逐步改进的方法。

在人员管理中对新员工的岗位训练和老员工的激励都形成了良好的套路和方式。

在现场客户管理中,有效融入灵活性、人性管理,使规范服务与人情服务相结合,在点滴中有效地提升客户的服务感知和忠诚度,资深店长所带领的营业厅在社会公众和客户群体中的口碑越来越好。

拆掉思维里的墙

一生中有许多的事我们要进行管理，管理自己的健康，管理自己的婚姻，管理自己的孩子，管理自己的形象……但是心理学家最终告诉我们一个结论：一个人最应该管理的是自己的心态和思维。我们每个人都有两大系统：一个是外围的行为系统，它是由知识、技能、习惯等要素构成的；同时我们每个人还有一个更内在的系统，就是思维系统，它是由态度、价值观、信念等构成的思维方式，这两个系统都非常重要。但是更为重要的是我们最内核的这个系统。

案 例

在一个建筑工地上，有 3 个人在干同一件事情，就是在盖大楼，而且 3 个工人做的都是最基础的事情——每一天要推 200 架沙子。一个心理学家分别采访了他们 3 个人，问了他们对工作的感受。当问到甲在做什么时，甲回答说："我能干什么，我就是在推沙子。"心理学家又去问乙："你在干什么？"乙看着日益搭建起来的大楼，挺自豪地说："我在盖房子啊。"心理学家又问丙："你在干什么呢？"丙从容自信地说："我在盖世界上最伟大的建筑。"

每一天，甲推着沙子会想："我一天推一架沙子两块钱，我至少得推50架沙子才能挣到100块钱。"他每一天眼中只有沙子，一边拉着跑着，一边很郁闷地想："太累人了，钱太难挣了，这活真不是人干的。"

乙每天一边推着沙子，一边留心学习其他工匠是怎么盖房子的，看人家怎么上房梁，怎么刷墙，又怎么布排水电线，怎么安装管道，慢慢积累了盖房子的经验。

丙一边像甲一样地推着沙子，一边像乙一样地学着盖房子，然而他也在想："既然我在这个行业里头去做，我怎么样才能变成像那些建筑师一样的人呢？虽然我没有建筑师的文凭，可是我多么渴望拥有他们一样的能力和专长啊。"于是丙每天挤出一点时间在别人打牌、聊天、喝酒的时候去上建筑设计的培训班，去请教工地上工程师的一些经验，虽然还在推着沙子，干着这种简单的活，挣着一份建筑工地中最低的工资，但是一年年下来积累了越来越多的经验。

10年以后甲挣的工资越来越低了，因为年龄大，体力弱，原来能推200架沙子，现在只能推100架了。他更幽怨地在想："这个职业不但没前途，还耗掉了我的青春，未来我该怎么办？"乙会盖房子了，接的活越来越多，当起了小工头，召集别人来盖房子了，收入自然比甲多很多；而10年以后的丙则修炼出了在这个行业中最精尖的基础，掌握了建筑领域中最全面的知识和技能，还设计了

020

几项口碑非常好的建筑项目。随着职业能力越来越强，他自己也越来越自信，更坚信自己可以做一个出色的建筑师，可以干一番更伟大的事业。

故事的结局你也许预料到了，10年以后，丙变成了一位知名的建筑师；乙变成了一位会盖房子的匠人；而甲还在那儿推沙子。

其实故事很简单，但它却告诉我们一个职场中非常朴素的真理：一个人在职场中的发展，不是仅仅取决于他的文凭，也不是仅仅取决于他的能力，而是取决于他的思维和心态。无论在职场中，还是在我们的人生中，它都印证了一个连环套的人生哲理：种植一个信念，收获一种思维；种植一种思维，收获一个行为；种植一个行为，收获一个性格；种植一个性格，收获一个命运。

锦 囊

人生绝大部分事情都是中性的事，不好也不坏，不论工作、婚姻、人际关系、学习，还是带宝宝成长。这些伴随着我们一生的事情，每一天都是周而复始，既没有多大的乐，也没有多大的痛。能够在中性的事情中修炼出乐观、积极的态度，和面对问题的正向思维和正向能量，是我们一生要修炼的功课，也是我们管理自己最重要的事情。作为店长，你心态的好坏直接决定了营业厅的士气、团队的情绪，甚至大家对未来的一些感受，只有当你把掌控管理自己好的思维和心态作为每一天最重要的功课的时候，许多你认为不可为、不能够的事情，都可以迎刃而解。

许多人认为影响自己心态的是外界因素，如房价高，工作压力大，孩子小需要关照，需要赡养老人，需要买房，需要买车，需要经营人际，还要面对日益污染的环境，以及每天上下班都堵塞的道路和交通……当然这些外界的因素会影响一个人的心态，但是真正影响自己心态的是思维，是你对一件事物的看法。你看到的世界其实是你思维中的世界，乐观的人看到的是积极的现状，悲观的人会在同一件事情中看到最让他郁闷和低落的情形。

我们每一个人都渴望成功，但是成长要比成功更重要。不善于成长的人，没有成长渴望的人，往往也很难获得成功。但成长是一个很痛的过程，不愿成长的人，只能被现实拉扯着跌跌撞撞向前，遍体鳞伤、血肉模糊。没有人在乎你是否痛了，他们有他们的路要走，他们很忙；也没人能够替你承受，这些都得自己承担，不能避免，充满孤独。在其中，心灵的成长比行为的成长更要紧，不分年龄，它既能摧毁一个人，也会更新一个人。每个人在成功以前，都是化茧成蝶的毛毛虫，从毛毛虫变为蝴蝶的过程必须突破一层层迷惘和困惑，才能积累起足够的力量去完成生命中飞翔的那一刻。

善于投入当下的人，是身心最合一的人。当你真正完全投入当下的事情中去时，不管这个事情多么简单、卑微，你都能感到无穷的乐趣，因为你的行为在做这件事的时候，你的心里在为这件事喝彩和加油，当思维和行为融合为一体的时候，并且是朝着一个目标时，一个人的能量是最大的。当一个人为了工作本身，而不是工作后的工资来做事情的时候，他往往能够把工作做得最好，也一定会得到最多的报酬，同时在职场中也有了两种收入：一种是有形收入，一种是无形收入。当一个人积累起相关行业和岗位经验、技能越来越多的时候，他未来在这一行的发言权、话语权，也会越来越多。

为未来而工作的人，会克服许多内心的恐惧和厌烦，他会选择做职场职业的主人，而避免去做职业的奴隶。抱着打工心态去工作，那你就输了；用老板心态去面对平凡、琐碎的事物，那你就赢了。当你融入事物的过程中，把事情看做是自己的事情，并在平凡的工作中找到成长的价值和生命的意义，你就真正掌控了自己漫长职业生涯中的心理，你会为自己的付出和认真鼓掌，你会为自己的每一点进步喝彩，如此你就会克服职业的枯燥感，成为自己职业的主人。

种植什么信念，
收获什么结果

　　成功的人都是有信念的人。信念是什么？信念就是你确信事物的规律，是你认为事情本应如此的认识，是支持你行为或不支持你行为的理由，是你接受一件事的缘由，同时也是你排斥一件事的原因。许多时候，我们都会遇到人生和职场的瓶颈，但是一个能够创造生命奇迹的人，一定是个执著于自己信念的人。各位店长也应如此，当你构建起"确信""我能"这样的对待事物和人生的信念时，往往就能够看到春天。

案例

　　大家都爱吃肯德基，全球人对 KFC 一点都不陌生，这是给许多人，特别是孩子们带来欢乐的一种食物和一个快乐的场所。但是你知道肯德基的创始人桑德斯所历尽的艰难吗？他是"肯德基炸鸡"连锁店的创办人，他从 65岁开始创业。那么他是如何建立起这么成功的事业的？是因为生在富豪家？念过像哈佛这样著名的高等学府？抑或是在很年轻时便投身在这门事业上？你认为是哪一个呢？

上述的答案都不是，事实上桑德斯上校在年龄高达65岁时才开始从事这个事业，那么又是什么原因使他终于拿出行动来呢？因为他身无分文且孑然一身，当他拿到生平第一张救济金支票时，金额只有105美元，内心实在是极度沮丧。他不怪这个社会，也未写信去骂国会，仅是心平气和地自问这句话："到底我对人们能做出何种贡献呢？我有什么可以回馈社会的呢？"

随之，他便思量起自己的所有，试图找出可为之处……随之他便开始挨家挨户地敲门，把想法告诉每家餐馆："我有一份上好的炸鸡秘方，如果你能采用，相信生意一定能够提升，而我希望能从增加的营业额里抽成。"很多人都当面嘲笑他："得了吧，老家伙，若是有这么好的秘方，你干吗还穿着这么可笑的白色服装？"

这些话是否让桑德斯上校打退堂鼓呢？丝毫没有，因为他还拥有天字第一号的成功秘方，我称其为"能力法则"（Personal Power），意思是指"不懈地拿出行动"：每当你做什么事时，必得从其中好好学习，找出下次能做得更好的方法。桑德斯上校确实奉行了这条法则，从不为前一家餐馆的拒绝而懊恼，反倒用心修正说词，以便用更有效的方法去说服下一家餐馆。

桑德斯上校的点子最终被接受，你可知先前被拒绝了多少次吗？整整1009次之后，他才听到了第一声"同意"。

在历经1009次的拒绝，整整两年的时间，有多少人还能够锲而不舍地继续下去呢？真是少之又少了，也无怪乎世上只有一位桑德斯上校。我相信很难有几个人能受得了 20 次的拒绝，更何况 100 次或 1000 次的拒绝，然而这也就是成功的可贵之处。如果你好好审视历史上那些成大功、立大业的人物，就会发现他们都有一个共同的特点：不轻易被"拒绝"所打败而退却，不达成他们的理想、目标、心愿，就绝不罢休。

他创业成功给我们很多启示：成功的秘诀，就在于确认出什么对你是最重要的，然后拿出实际行动；不达目的誓不休。

听完桑德斯的故事，那我们来看看身边一位优秀店长的故事吧。

李波任职一个 B 类厅做店长。由于当初公司选择门店是以均衡布局为原则，所以并没有把人流量作为首要标准。李波的营业厅是典型的社区型门店，主要是面对老客户，来营业厅的人大部分都是缴费的，此外，就是零零星星办卡、买手机的，而且手机出货也都是千元以下的低端手机为主。

由于受到客流量的影响，门店的业绩一直不理想，李波想尽了办法：派人在门口拦截引客进店，进入附近商铺小区派发宣传单页，但是效果都差强人意，大家的心也渐渐冷却，都觉得营业厅的任务指标太难完成了。

李波静下心来，好好琢磨起来，决定从数据营销开始。以前公司市场部会给每个营业厅放一些客户数据，就是一些合约即将到期的客户信息。以前李波和许多店长一样，偶尔也会给客户打一下电话，但觉得费人费时，有一搭没一搭的，没有坚持。但李波这次下决心要把这件事做起来。

营业厅员工有 5 人，李波每天调出 60 个客户的电话，每天上午 10 点至 11 点，下午 5 点到 6 点，给客户打回访电话，告知客户公司对老客户宽带到期或合约到期有优惠政策。邀约客户来营业厅了解并办理，并在营业厅提供许多免费服务和体验活动。在每次电话营销前，李波都让营业员熟记话术和台词，做到在电话中的沟通既娴熟又自然……

每天电话回访，总会遇到许多客户的生冷对抗和各种不配合，有些营业员就有畏难和退缩情绪，一开始因为没有明显的效果，大家都挺气馁，叫喊着要放弃。李波不断给大家打气鼓劲，并且经常示范给大家看，一个月以后，电话营销的效果慢慢显现出来，有些客户就是通过电话邀约来营业厅办理业务、续签宽带的，大家的积极性更加高涨。

之后，李波又把营业厅的微信、微博做成二维码，让客户扫描，互为粉丝，进行线上营销，开始把营业厅微信、微博营销做起来，一点一点增加客户粉丝量，营业厅有什么活动，都和大家互动，虽然一开始依然效果不明显，但李波坚信：水滴石穿，不是水的力量，而是坚持的力量。

听完上面的故事，我们一定会感觉到信念对人生和职业的影响，那么就先让我们反思一下，我们应该破除哪些局限性信念？

锦囊

苹果树式的局限

　　苹果树第一年长了 300 多个果子，很自豪地认为主人能给自己留一半，他拿走一半，没想到主人拿走了 260 个。苹果树就想："明年我不能接那么多，以免他拿走更多。"第二年苹果树结了 100 个果子，主人便拿走了 95 个，苹果树更郁闷了；第三年苹果树就没有再结果子了，主人则将苹果树彻底连根拔掉了。

　　在职场中我们许多员工和管理者也有苹果树的局限，那么如何突破苹果树的局限，打造更好的信念力量呢？我们可以选择这样的对策：构建自己的心锚。你的心锚是你的心灵地图，是你构建自己意念的秘密武器，心灵高手在信念搭建的过程中，都会给自己积极的自我催眠。各位店长要让自己对一件事确立信心，不惧怕困难，有一个重要的方法就是做一件事情的时候，放大这件事情的价值，并赋予这件事情以非凡的意义，这样你就会构建起对这个事情的生命价值感，就会全力以赴，突破自己的局限性信念。不再自怨自艾，自顾自怜，积累起更加强大的信念力量。

老驴式的局限性

　　有一头驴为主人拉磨干活七八年以后，老驴日渐衰老，主人可怜他，卸了磨，但没杀驴，想让驴每一天在绿草地上享受自在的时光。结果老驴离开他多年"工作"的岗位，走到蓝天白云之下，看着一望无垠的青草地，老驴顿然间收住四蹄，眼神茫然，不知所措，最后只好找了一棵树，围着那棵树又转起来了。

正在捧卷而读的店长们，其实我们也有老驴式的局限性思维，那就是我们对待事物的一种惰性的思维和习惯性的反应，如何突破老驴思维呢？

第一，对"学"的热情。保持空杯心态，对知识和新的事物保持不断吸纳和学习的精神。可以让更年轻的下属为团队带来鲜活的气息，让他们提建议，出谋划策，我们店长可以在这个基础上，用自己的经验不断完善和丰富。

第二，对"新"的渴望。给自己设立不断改善的目标。比如说每月创立一个新的营销活动方式，每月创立一种新的班会模式……对"新"的东西保持一种敏锐的渴望和追求。

第三，对"借"的习惯。交流和分享经验是成人学习的重要习惯，各位店长可以将这种习惯不断保鲜，学习借鉴其他门店的经验，同行的经验，甚至竞争对手的经验，用拿来主义的精神不断实现局限性的突破。

跳蚤式的局限

跳蚤是动物世界中能跳出比自己身高高四五百倍的动物，弹跳能力是动物界中的 No.1。试验者在做动物试验时，把跳蚤放在容器中，上面加盖了玻璃盖。跳蚤在跳几次以后发现，他跳高的时候就会碰疼，所以跳蚤就想：我不能跳这么高了，否则会受伤。久而久之，它只能跳到玻璃盖之下那一点高度了。一段日子后，试验者把玻璃盖揭掉，但是跳蚤依然只能跳试验中的那么高，再也跳不到他生命应该跳的高度了。

跳蚤式的局限性，在我们每个人身上多多少少都会有，怎么突破呢？

第一，确立"我能"的意识。我们常说心有多大，舞台就有多大，在条件相同的环境中，敢于确定"我能"意识的人，肯定会比没有构建这样信念的人走得更远，成功的几率更大。

第二，确定"我敢"的意识。所有人都惧怕去做没有经历过、不自信、没有积累过经验的事情，但越躲在心灵舒适区，越待在自己熟悉的领域，越对没有接触的环境和事物惧怕，就越没有自信，所以勇敢地迈出第一步去尝试吧，你会逐渐建立起新的自信。何况心理学早都告诉我们一个真理：你想象中的恐惧，永远比你实际遇到的恐惧大。

第三，确定"我变"意识。这个世界天天在变化，唯一不变的就是变化。万事万物，无时不变，无事不变。市场在变、业务在变、员工在变、竞争对手在变，甚至连我们每天销售的终端和系统都在不断地变化，更新和变化是人类的主题，而"变"字当头的店长一定是最能够不断与时俱进，构建起管理者最重要素质的人。

业绩重要，
职业操守更重要

通常，我们衡量一个店长的时候，不少人都认为只有一个最重要的衡量指标，那就是：业绩。业绩好，一白遮百丑；业绩不好，店长表现再好都没有用。这种评价方法是在市场经济竞争中比较常用的一种方式，特别是在中国式的管理中，拿数字来考核是最直接，也是成本最低的方式。有些店长也认为，把业绩做好才是王道，过程管理、自己的管理技巧往往不能很快见效，抓好业绩就行了。然而，店长作为一个管理者，一旦坐上这个位置的时候，其实对店长的考量已经蕴含了很多的要素，特别是跟你朝夕相处的团队成员，营业厅的员工们，他们往往不会用业绩结果去感受一个店长，而会运用各种感觉去看店长的为人处世，做人做事的方式和特点，用这些不属于业绩结果，也不属于规章制度的内心感受去衡量和判断，以此确定他们在内心是否拥戴一个店长。

案 例

场景一：

A店长今天垂头丧气地回来了，对着大家嚷嚷："哎呀，烦死了，今天去和咱们隔壁的超市谈商家联盟的事，又被他们的老板给拒绝了。他们的客流量非常大，不在乎与我们公司的客源来进行交叉。现在做个事好难，公司总是强调外部联盟、外部合作，哪有这么容易，我用了一周来写方案，结果还是碰了一鼻子灰，太难了。"

场景二：

B店长带着团队今天在隔壁的小区做促销。因为今天阴雨绵绵，气温很低，坚持了8个小时的现场促销，大家都冻僵了，4个人出摊也只卖了5个合约计划，办了一个宽带，人均还不到两个。大家冻得受不了，还有一个员工已经感冒了。收摊回营业厅后，大家都叫苦连天，抱怨在公司工作真是太累了，B店长一边换着衣服，一边也跟着大家说："谁说不是呢，你们说的我都理解，有些活都不是人干的，咱们公司真是把女人当男人用，男人当牲口用，我也不想干了。"大家换完衣服，都怨声载道地离开了营业厅。

场景三：

公司不断要求店长要有新的管理方法和营销创新能力，并且提供了很多优秀营业厅的一些好的管理方式和创

032

新举措。今天通过邮箱，公司又转发了一些各地店长管理的一些先进经验，C 店长一边看，一边在想："都是些没用的花花哨哨的东西，逢年过节就变换着促销活动和营销方法，这根本就不适合我们店。我们店就是一个 C 类店，人少，又没有客流量，出去搞营销只能有两个人，进小区人手也不够，除了能守在营业厅做营销，这些东西我们都用不上。"

场景四：

最近 D 店长在对营业厅巡视中发现大家在服务中面部表情都很僵硬，尤其到了下午，工作了大半天以后，大家都很疲倦了，更难见到如沐春风的笑容。因此，D 店长就在本月初规定，本月是我们服务的"微笑月"，大家要保持在服务中和客户沟通的微笑状态，既提升了我们的美丽、自信的状态，又能给客户带来非常好的感受。"微笑月"的主题还包括：同事之间和团队之间也要把微笑给团队、给伙伴，营造营业团队非常好的温暖感与和谐感。

规定下达后，员工们就开始按照自己的理解去做，但是员工们在做的时候往往也会睁大眼睛观察店长做得如何，没几天他们就凑在一起开始嘀咕了："你看咱们的店长，跟咱们说话依然还是冷冰冰的，连个笑都没有，情绪不好的时候脸拉得多长，还谈什么'微笑月'。"紧接着他们又发现店长在跟客户沟通时，也很难做到一直保持着微笑。

一周以后，店员们再聚到一起的时候，心照不宣地传递了一个信号：其实店长也就是说说而已，他自己都很难做到，我们也不必坚持了。所谓"微笑月"也就是一个噱头而已，不必当真。

场景五：

　　新年开始，是公司下达今年营业厅业绩目标的时候，也是各营业厅对目标找差距、不断改善和完善管理漏洞的时候。在市公司开完会后，E店长心事重重、倍感压力地回到了营业厅。坐在办公室，E店长一边在想今年的任务如何完成，业绩指标如何分配，一边唉声叹气地对自己说："完不成啊，完不成。这么多的业绩怎么完成，我实在没招了。"想了半天，E店长还是毫无头绪，所以下午下班时，他留下大家开了一个短会，把今天从市公司领回来的工作任务通知给大家，然后问大家怎么办。员工们一听就炸锅了，纷纷表示，难度太大，很难完成，E店长也摊开双手，苦着脸说："我也实在没办法，拜托大家想想办法，看我们用什么办法把今年的工作完成，大家今天回去好好想一想，明天我们再把任务分配一下……"

锦囊

　　作为管理者，职业操守和职业道德永远是最内核的要素，它是一个管理者在这个岗位中所坚守的一些准则，往往比工作能力和业绩达成更容易被员工感受到。若是没有修炼出良好的职业素养，不仅无法带领团队形成强大的凝聚力，反而自己行为本身成为推动事业成功的阻力。那么优秀的店长应该遵守哪些职业操守呢？

　　敬业忠诚。热爱自己的企业，满腔热忱对待自己的企业，积极努力对待自己的工作，忠诚维护公司利益，以诚实的态度面对公司和员工，及时完成上传下达工作，掌握公正处理问题的技巧，做到对事对人诚实守信公正。

　　进取创新。确保自己不断地去学习新的知识和方法，不满足现状，不断挑战自我，借鉴和学习先进的营业厅管理方法，尝试新的开拓市场服务管理的新思路，善于采纳新的方法和建议。

　　榜样激励。在营业厅工作中起到模范作用，注意个人的行为在团队中产生的巨大影响力，不断以鲜明的态度、明确的观点感染员工，激励员工，不怕困难，勇于接受任务并应对挑战。

　　压力挑战。用乐观积极的心态面对营业厅工作，始终保持正向的、积极的工作情绪，不怕困难，并勇于接受挑战，保持面对困难不低头的工作态度。善于激发自己并挖掘自身潜能，始终具有勇往直前的工作精神和勇气。能够有效控制自己的情绪，能够以职业情绪和心态面对岗位和工作。

当上店长以后，
大家为什么开始疏远我了？

许多店长做了管理者之后发现，下属们对你的态度和评价多多少少产生了微妙的变化。从员工的角度来看，他们既希望和你打成一片，又担心对店长了解太多而给自己带来负面的影响；另一方面想和你保持距离，但又担心自己在店长的心目中没有了分量。从店长的角度看，既想和员工们有亲密如家人般的温暖，又担心在他们心目中没了地位，当行使自己的威严和权力的时候，店长们又担心这些 90 后的孩子心理脆弱、经不起批评。

所以在与员工的沟通中，店长有时候找不准自己的感觉了，而作为基层管理者，店长要学会亲和力与权威感兼具，并努力在实践中把度拿捏得更合适，让原则性和人情味相结合。

案例

徐丽在做营业员时与伙伴们有说有笑，经常不分彼此，吃饭在一起，连口红都共用一支。可是被提拔为店长以后，两个月中徐丽发现，伙伴们越来越开始疏远自己，往日的亲近和欢笑不复存在。在早班会换工装的时候，几个女孩在换衣间有说有笑，等徐丽走进来的时候，她们顿然间停止了说笑，赶紧离开了，似乎故意把徐丽晾在一边。中午倒班吃饭的时候，女孩们之间还互相夹菜、互相品尝对方带的饭菜，但却再没有人招呼徐丽一块儿吃了。徐丽有一点伤心，暗自想到：我到底哪里做得不好，员工们要这样和自己保持距离呢？于是她开始想办法寻找突破口。店里的销售顾问张静是和徐丽同时进店的，私人感情要好于其他人，于是下班后徐丽就主动约张静坐到休息区，徐丽给张静倒了杯水，询问为什么大家现在躲着她？

徐丽说："张静，咱们一直是好姐妹，我也觉得你是可以交心的人，我特别困惑，你要告诉我实情，为什么我当上店长以后，大家都很少和我交流呢？是我哪里做得不好，让大家这样呢？你今天一定要给我指出来，我也好改正。"

张静说："徐姐，别这么说，没有什么事啊。"

徐丽更真诚地说："以前大家吃饭都会叫我，下班也会一块回家，公司和店里头有什么事，大家也会跟我分享，可是现在大家都离我远远的，说什么事都避着我，吃饭也不叫我，我心里还是有一点苦闷的。"

张静说："徐姐，其实我早就想和你交流一下。你做了店长以后，大家都觉得你没有以前那么容易亲近了，脾气开始变得有些急躁，批评我们有时候也很严厉，大家都觉得你的脸色越来越不好看。比如说，上次客户体验完，终端没有摆放回位置，小李还没来得及放，你就不分青红皂白地骂他；还有一次王坚的销售没有达标，你那天就一直在责怪她，还说她能力有问题，不长进。王坚说她已经尽力了，那几天是因为总下大雨，客流量很少，而且她开始做一些客户的数据分析，最近开始做电话回访和电话营销，将还有3个月就要到期的合约客户通知一下，你却拿脸色给她看，结果让她心里难受了很久。就说昨天早上开晨会，你一来就批评大家工作热情不高，又说大家妆化得不好，弄得我们一个个没精打采，一下子都泄了劲，大家背后都说自从你当上了店长以后，越来越不近人情了。徐姐，你别介意，我说了这么多，我知道做店长也是压力很大，你也希望我们店做得好，别生气。"

徐丽说："谢谢你张静，谢谢你的提醒，我刚做店长，还不适应这份工作，压力确实很大，你知道今年公司定的目标很高，领导对我们的期待也很高，我心里的压力没有化解，就发泄到了伙伴们身上，这的确是我做得不好，我以后一定改正。"

张静说："徐姐，你别这么说，你意识到就好了，我们都是好姐妹，大家还是愿意支持你的工作的，而且大家看到你这样的敬业，也是很佩服的。"

徐丽说："今天晚班会的时候，我会主动向大家赔礼道歉。以后我一定会控制自己的情绪，不对大家乱发脾气，主动关注大家的感受，关注大家的感情需要，让大家放心。"

张静说："徐姐，你放心，大家都会支持你的，你这样的诚意都会让大家感动的。"

徐丽说："谢谢你，谢谢大家。"

锦囊

权威感和亲和力是一对矛盾，亲和力过了就影响权威感，权威感过了就影响亲和力。优秀的管理者能将二者运用得当，并且恰到好处，那么两者的区别在哪呢？店长对待员工情绪问题、私人问题，以及店长和员工的个人管理时，要以亲和力来展现，对员工多关心、多理解、多倾听、多关爱，赢得大家的接纳和认同，而面对公司的目标、制度、规范和流程等原则性问题的时候，要严格遵守制度，绝不留情，无规矩不成方圆，在原则和刚性的制度面前，绝不能做人情，这样才能达成员工对目标的理解。

店长建立权威感的七个小方法：

1. **严守制度。**公司规定的制度神圣不可侵犯，那是"高压线"，谁都不能触犯，该奖的要奖，该罚的要罚，更不能带头违规，这是死守的底线。

2. **杀一儆百。**员工如果在重要的原则上犯错误，店长绝不能姑息，更不能纵容，发现一次处理一次，促使大家不敢再次犯错，不敢挑衅原则。

3. **说到做到。**凡是店长承诺过员工的事，就一定要执行，承诺过大家的话，就一定要照办，绝不能言而无信，否则以后权威就立不起来了。

4. **比别人更优秀。**店长首先要身先士卒，自己就是榜样，就如同一个家长自己都没有做到，还要求孩子做到，那是绝对没有一点信服力的。

5. **敢于面对问题。** 面对问题的处理能力是最能考验一个人胆识、应对措施和经验的，所以店长要做一些高难度的任务，比如挑剔的客户、较大的投诉、突发事件的应对，若是在这些有难度的事务中，店长能做到从容自若，有办法去克服，那么在群体中的影响力会更高。

6. **有足够的气场。** 气场虽是一个不可言喻的感觉，但它是一个人心态、思维和行为的混合体，当你具备坚定执著的信念去面对营业厅工作的时候，当你用自信努力和不断超越的精神去面对困难的时候，你的气场自然会带动和影响更多的伙伴。

7. **具备权威式的表达。** 讲话时要铿锵有力，中气十足，充满自信，要带给听众"你所讲的就是你所坚信的"，在沟通中同时配合自信的体态语言，如自信、坚定的眼神、果断从容的手势、坚定不退缩的行走姿势。

店长保持亲和力的八个小方法：

1. 尽量对员工展露最亲切的笑容，并多说些鼓励的话。

2. 耐心倾听员工的喜怒哀乐，并具有很强的同情心，与大家情绪共鸣。

3. 非工作场合可以和员工开开玩笑、讲讲笑话，关心员工家人，聊聊他们的生活。

4. 当员工表现积极苦干时，可以拍拍员工的肩膀，真诚地对他说辛苦了，你很棒……

5. 当员工失败或在服务中受委屈时，要鼓励员工说没关系，下次再来，我相信你会做得越来越好。

6. 当员工家中老人生病或住院时，要代表营业厅去看望老人，给大家一个人情味的管理者形象。

7. "管""理"这两个字组合在一起非常有意思，就是既要管，又要理，而员工更喜欢你理他，这个理更多指的是要理他、理解他。当你的下属深深地知道你心中有他，能理解他时，你构建起的亲和感已经远远地超过了姐妹，而进入更深的一个层次。

8. 对热情奔放的下属，你要显得更仗义，对说话很慢的员工你也要适当放慢讲话的节奏，配合下属的沟通方式会让他们感觉到更舒服。

新官上任三把火

新上任的店长往往还处于手中有剑、心中无剑的状态，这很正常。当你有足够的激情和愿意产生强大的学习意识时，经验是可以一步步积累的。新上任的店长往往觉得头绪很多，不知道从何做起。请别急，让我们通过案例来感受一下你的进入方式吧。

高新营业厅作为新厅，打造开业已经半年了。但整个的销售业绩和店面管理情况都出现较大的问题，半年中换了两个店长，但是都没有很大的改观，最后市公司派了王大胜来做高新店的店长。王大胜有着非常辉煌的销售记录，他本人就是一个销售高手，同时在他原来管理的红旗店中业绩也遥遥领先，许多本地的店长都到他的店观摩和学习过，因此当他空降到高新店的时候，领导和店员们都对他拭目以待。特别是员工们，在底下议论纷纷，想看看这位高人能带来什么举措。谁知大名鼎鼎的王大胜，来高新店上任后，并没有像人们说的那样新官上任三把火，而是在周围的社区、厂矿和店铺走了一圈，在一周中王大胜给自己安排了一张工作进度表，按照他的计划，他要在一周内熟悉如下的工作状况和业务流程：

　　第一，高新厅现有的人员情况和每个员工的能力、个性、爱好、工作经验……

　　第二，营业厅现有的管理现状：现场管理、服务管理、营销活动、客户维系等方面的管理情况……

　　第三，营业厅功能布局特点、销售动线设计、区域划分以及使用情况……

　　第四，营业厅周边客户的特点：进厅客户年龄、职业、收入、层次等要素分析、营业厅可辐射的周边客户群……

　　第五，营业厅忙闲时段规律、平时与周末客户进厅人数以及客流分析……

第六，本店现有业务销售情况分析：终端销售和套餐
选择前 5 项的情况、客户咨询和购买的前 3 款终端分析、
客户软件应用分析……

第七，营业员精气神和心态分析、服务水准、销售技
巧和话术分析……

第八，营业厅管理工具及使用情况分析……

第九，营业厅业务培训和新员工培养计划分析……

经过将近一周的摸排调研，王大胜发现以下几点情况：

1．高新营业厅地理位置虽然在高新，可是因为进驻
的商家和品牌企业还比较少，周围更多的是正在施工搞建
筑的一些民工和外来人口，以及第一批进驻的企业。由于
高新没有更多生活设施和配套齐全的小区，所以很多人虽
然在这儿买了房，但没有在这儿住。目前常住客户群体基
本上是外来人口、农民工和部分小区居民。

2．营业员销售技能有待提高。虽然公司制定了销售
流程技巧，特别是终端销售六步法，但真正能够娴熟使用
的非常少。

3．高新营业厅很少搞体验营销活动，对老客户也从
来没有跟进和回访，邀约老客户和新客户进厅参与营业厅
新活动几乎没有。

4．营业厅起点就是以旗舰厅打造的，面积比较大，
还设了 VIP 区，但是营业厅中有好几个区域都没有利用起
来。

经过摸排，附近有两个大超市，而离营业厅最近的30米处，也有一个缴费机。

5. 员工的心态和业绩不好，因为店里业绩升不起来，大家的收入偏低，恶性循环。

6. 营业厅没有使用表格化管理，所以在细节管理中有些混乱，管理中的随意性比较严重。

7. 对营业员管理没有分别分类进行，对能力强、态度好的员工没有授权，对能力差、态度差的员工没有辅导，对能力差、意愿低的员工缺乏督进和改善。

……

针对以上情况，王大胜开展了以下工作：

1. 鼓励士气。首先王大胜给大家开会，集中宣讲了他制定的营销方案。针对目前营业厅现存的问题，提出了整改方案，用方案来给大家说明，而且是较大的可实现目标，让大家感觉到跟着店长干充满信心，让大家对王大胜心悦诚服。

目标激励永远是士气激励的好方法，其次王大胜给每一个岗位、每一个员工制定了具体的步骤和责任分解。管理者管理员工，不能仅仅压任务，而是告诉他如何去承担责任，应该怎么做，大家一下子就心里敞亮了。

2. 团队文化建设。王大胜面对团队松散的现状，提出了第一个文化建设主题"家人文化"，并制定了具体的步骤，使大家彼此能够感受到团队的温暖。进而为温暖的团队贡献更热情的温暖。

3. 改变早班会的召开方法。以往早班会就是分配任务、交代问题、提醒注意、总结昨天，这样的班会套路，已经没有新意了。最好的班会除了注重事以外，更要注重情，调动员工的心情、感情，对员工进行"心"的管理。因此王大胜制定了晨会召开的一些具体方法，而且让大家参与进来，每周轮番有一位员工给他当班会召开的助手，让大家轮番以管理者的姿态面对团队和工作，更容易提升大家的职业心态和素养。

4. 能力培养。针对大家多多少少存在的能力短板，王大胜制定了定期培训、长期考核的原则，以及基础业务知识与临时上柜业务相结合的方法。每一天抽出一刻钟的时间对大家细水长流地进行各种终端和业务的培训，先从热门终端和热门业务开始，层层推进，直到全面的业务。培训方法也一改以前局限性很大的讲授法，改为互动、演练、提炼、场景、模拟等新型的方法，让大家领悟和接受得更快更好。

5. 收集和制定话术和脚本。将经常遇到的一些客户在销售中的异议、投诉问题、终端销售的技巧等分门别类地开始进行梳理，并且要求大家每一周、每一个人都要在班会上分享"1、2、3原则"，即一个建议，两个案例，三个纠错，使团队的智慧流动得更好。

6. 客户信息和报表管理。王大胜开始采用表格化管理，这是可视化管理中最重要的一种方法，除了工作要求的日报、月报、周报表之外，还推出了终端库存登记表、重点客户登记表（回访用）、客户参与体验登记表等，他还要求表格填写的内容要真实详细，终端机型销售中禁止虚报数字。表格化管理和信息管理使王大胜做到了将卖场销售状况以及客户信息进行有效的使用和结合，不论客户服务、回访、还是现场营销活动，都可以对目标客户进行有效组织。在营销活动方面，有针对30多岁顾客的亲子游戏、亲子活动讲堂；有针对职场，特别是高新区政府工作日举办的"让你工作更有效能"等活动，这些都使得营业厅有了巨大变化，甚至有些品牌已经在高新区这一带打出了响声，老客户带领新客户进店，效果也明显增加。

7. 奖惩分明，严格的管理必定有相应的考核与之配备。每月对销售业绩进行考评，对每个月选出的优秀员工有一定的奖励，对未完成任务的员工有一定的处罚。同时，对现场管理和对现场布置的其他任务的完成，对工作态度的考评等都逐渐推开了全面的管理和监控。

通过以上的一些举措，王大胜上任以后，基本上完成了新官上任三把火，两个月以后，高新店的业绩开始显露出来，团队荣誉感，员工的能力，特别是团队建设中敢打敢拼，销售团队的狼的精神，也真正地开始建立起来。

第 2 篇

王牌店长的团队管理与
下属辅导

ACE MANAGER SHOULD
BE LIKE THIS

ACE MANAGER SHOULD
BE LIKE THIS

　　管理者的使命就是在设定了目标之后，激励下属，带领团队去实现目标和理想。没有单枪匹马能够成功的领袖，不论你是带两个人的小官，还是带着一个大团队，你肯定需要逐步去建立团队、带领团队、管理团队、激励下属，并最终形成一支智勇双全、战无不胜、敢打敢拼的优秀团队。

　　在营业厅的团队中，你会遇到最平凡的员工，也会遇到最个性的员工；你会遇到成就非常棒的高手，你也会遇到让你非常郁闷的下属；对你来说，如何做好教练，如何辅导员工，如何行使权力，又如何开好班会等等，都是每一天要面对的问题。

　　其实，店长这个岗位为你提供了一个特别聚焦和充实的人生经历，你要学的很多，你要思考的也很多，甚至你经历的挫折和挫败在此刻也很多，即便有很多的跌撞和很多的委屈，可是这正是一个自己从心灵舒适区走出来，去攀登、去超越的过程。谁都不是天生的管理者，那么就让我们加快学习的速度，加快自我提炼的步伐。

　　只需告诉自己成长比成功更重要，当你愿意不断去成长的时候，其实你也就越来越接近成功了。

如何做一个好教练

做一个好店长，要懂得摆正自己的位置，知道什么时候该出手，什么时候要忍住；什么样的场合适合说什么样的话；什么时候主动出击，什么时候静观其变；什么时候应实施批评，什么时候应进行表扬；有效地运用权力是一个王牌店长应该逐渐练成的一个基本功。

案例

王蔷是某营业厅的店长，之所以能成为店长是因为她年龄比较大，工作经验和社会阅历都比其他同事丰富，又是老员工，多年来也积累了不少营业厅的管理经验。可是最近她很苦恼，找到领导诉苦说他自己很关爱员工，可是员工却不领情，希望老领导陈总能给点建议。

陈总："王蔷，别急，说说你的苦恼，遇到了什么事？"

王蔷："我觉得我真的对员工很好，每天店里的事情，我都带着大家做，连早上打扫卫生我都是亲自打扫，有时候忙起来要加班，小姑娘们住得远，我就让她们象征性地做一点，然后提早回家，每天来得最早、走得最晚的都是我，但员工们却不领情。"

陈总："我感觉你更像是妈妈的角色。"

王蔷："对。我怕她们年龄小，害怕她们出错。还有几个90后，在家娇生惯养，我觉得自己应该多承担一些。上周末搞终端促销活动，客人来的多，结果我们店销售业绩最好的小梅就丢了一件终端，HTC的那台手机，得2000多块钱。当时她急得都快哭了，我就罚了自己600块钱，让小梅自己赔1000元，剩下的让那几个小姑娘一人承担200多元。结果她们不仅不感谢我，还说我管理混乱，丢手机的事和她们无关，因为她们压根没管理过终端。这事都是我一个人独揽的，让我觉得心情特别不好，我处处维护她们，可她们却并不领情……"

陈总："那发生这样的事，你觉得责任是在哪里呢？"

王蔷："我觉得就是因为我对她们太好了。"

陈总："王蔷，你是一个善良的人，可是你知道吗？善良的人有时候也会犯错误，你在工作中更像一个妈妈，要替小孩做完所有的事情。你也知道，有时候我们看到一个成年人，他的思想和行为过于幼稚，我们会联想到在他的背后肯定有一个非常能干或者强势的母亲，这位母亲因为在孩子成长中承担了太多的事情，所以造成孩子的无能。同样，你替员工担的事情越多，他们的心态和能力成长就越慢，而且会习惯性地向你索取。

"从今天开始，你需要换个角色来面对他们了，你不应该是保姆或妈妈，而应该是一个教练或教官，你要把你自己总结出来的经验教给她们，让她们做得更出色。"

王蔷："陈总，我是担心他们出错，营业厅现场管理马虎不得，有些事我真不放心他们做。"

陈总："一个人的成长是一定要在实践中进行的，做教练、做辅导是管理者的责任，员工做错了你应该批评和指正。"

王蔷："陈总，教她们做好很难啊，她们要学的地方很多，有时候教一遍两遍，她们都不会照着做，三遍四遍时我就觉得不如自己做了。"

陈总："人很多时候都是在跌倒中慢慢学会走路的，不能因为员工出错而不给他们拥有独立成长的机会。当他们无法变成更职业、更专业的销售或营业员的时候，你就无法获得更多的成功，因为员工的成功才能带来管理者的成功。"

王蔷："陈总，怎么做教练呢？"

陈总："做教练有三个步骤：第一种我示范，你来看；第二种你来做，我来看；第三种，大家做，比比看。"

王蔷："那这有什么区别呢？"

陈总："对新手、毫无经验的员工，你和有经验的老员工需要给他做示范，把每个岗位最重要的流程给他们示范出来，手把手教他们，并在示范的过程中重点提醒应该注意的事情，若是配有现场管理文字性的步骤提醒和规范，那就更好了，因为模仿是成功的捷径。你还要调动那些在某一些环节做得比你好的员工，让他们起到教练作用，让他们以老带新，但是在做示范的时候，示范者不能自己在那儿闷头做，要边做边教，或下班以后总结出几条规律强化新手上路。"

王蔷若有所思："我有些明白了。"

陈总："在第一阶段实施完之后，就要进入第二阶段你来做，我来看，就是让新员工自己模拟来做，既可以在营业厅后台用情景模拟的方式进行，也可以在客流量不多的情况下让新员工上手进行操练。新员工操练的过程中，旁边要有老员工做指导，对于他做得好的地方要肯定，给新手一些自信和岗位之间的融入感，做得不好的地方要提醒，切忌不能呵斥和苛责，以免挫伤他们对岗位的认同心理。"

王蔷："原来说做教练，我还以为更多的是讲业务、讲知识，没想到教练可以这样当。"

陈总："是啊，做教练或辅导其实可以见缝插针，在许多情景下进行。现场做教练我们往往称为机会教育，比方说在元宵节的时候，站在营业厅门口的导服，见到客户依然说了声'先生，您好！有什么可以帮助您？'这个女孩子并不清楚今天可以灵活地改变一下，接近客户的语言可换成'先生，您好，元宵节快乐！欢迎光顾本店，有什么可以为您服务吗？'这时候你就可以走过去对他们说，像今天这样喜庆的传统佳节，我们也可以换一些方法来招呼客户，会更有人情味，你还可以启发小姑娘还有哪些个性化的沟通用语，并让她试试看。做得好我们就积极肯定，鼓励他们的创新，保护好他们主动改变的意识。"

王蔷一边听一边飞速的在本子上记着，"太好了，你这样一说我一下子就敞亮了。那第三步呢？"

陈总："当大家都进步成长的时候，就可以在他们轮

岗或者不同值岗的时候，你观察他们各自在同样一种工作
岗位中，担当同样一个职责时，他们每个人面对相同业务
和客户时的表现，比比看，就是你和你的团队要善于提炼
最好的亮点和最棒的话术，每隔两三天汇总一下，让大家
彼此分享伙伴的智慧和经验，让他们互相做教练，使团队
整体进步和成长，这就是第三个境界。"

王蔷频频点头道："太好了，我回去就这样做，我再
也不想当老母鸡了，一点点引导大家成长。"

锦 囊

店长带团队时，经常会有一些心态误区，认为只要对员工好，
员工就会尊重自己，殊不知店长是不能只做让别人喜欢的领导，更
要做让别人尊重的领导。

被人尊重首先店长自己要做到：有规范，有底线，有原则，有
辅导。保姆型的、妈妈型的、好好先生型的管理风格不仅会让自己
更累，也会让团队无法进步。

> **店长扮演妈妈型的常见管理误区：**
>
> 不能得罪员工，要拉拢好、维护好他们，否则他们会
> 觉得我没有人情味，更不想好好工作了。
> 营业厅又不是我的店，员工流动性强，辅导他们累得
> 慌，还不如我自己做呢。

万一员工想不开了，再出现点极端的事，我就吃不了兜着走了。

我能做的事就自己做了，他们又达不到我的境界，我还得要替他们擦屁股。

孩子们都是 90 后，做营业服务也很不容易，压力这么大，客户量又这么多，何必还给他们脸子看呢？

王牌店长应该建立的优质辅导心态：

合理的要求是锻炼，不合理的要求是磨炼，优秀的员工都是被磨出来的，都是被炼出来的。

员工们的成长是需要时间，要有耐心，能带领别人成长本身就是一种成长。

做员工的保姆和妈妈是本能，能做好他们的教练才是本事。

爱一个人就要学会有原则地爱，而不是无原则地爱。

店员越有能力的时候，就是我管理越来越轻松的时候。

店长要学会有效
行使权力

　　基层管理者手中没有更多的资源，既不可能封官许愿，手中也没有物质奖励和激励，更没有薪酬和替员工规划上升通道的权力，店长手中除了正常管理手段外，就是使用权力中的批评、赞赏等因素。表扬和批评是我们最常见的两种手段，即使不做管理者，我们也经常会表扬、批评身边的人，可是这里面的学问也挺大的。

　　店长何晴这几天发现销售岗的营业员小娜时不时就离岗，让同伴替她照看终端、体验柜台，自己就跑到后面去了。有时候一去就有一二十分钟，何晴心里有点犯嘀咕，这小娜怎么越来越偷懒呢？刚刚竞聘上销售岗，还没干俩月，业绩也一般般，怎么这么多事呢？所以今天一上班，何晴就一边在现场巡视，一边有意地观察小娜。果然不出她所料，刚刚9点钟，小娜就给同伴打了一个招呼，急急忙忙地跑到后面员工休息区了。何晴正要追过去，想问小娜在干什么，这时来了一个投诉客户，她只好去接待客户，解决问题。等把客户安抚走，何晴一转身，看到小娜从后台走到了厅里，没精打采地站到了自己的终端销售柜台旁。这时进来了两个衣着很有品位的中年人，看起来像商务人士，他们走到了 iPhone 陈列柜台，很有兴趣地拿着手机一边看一边问小娜，但是小娜站在那里显得很漠然，有一句没一句的，身体动作很僵硬，并没有表现出热情招呼客户、主动服务的姿态。何晴看在眼里，顿然间一股怒气蹿上了脑门，走过去压低声音对小娜训斥道："你这几天怎么了，像丢了魂一样，能不能打起点精神啊。"

小娜刚要做辩解，何晴打断她，带着情绪说："别给我解释什么，你当初竞聘销售岗可是自己主动提出来的，但你真让我失望，尤其是这几天，人在曹营心在汉，太没有状态了。"说完拂袖而去。

中午的时候何晴看到小娜眼睛红红的，她说想要辞职，何晴问小娜："为什么离职？说出理由来。"

小娜低着头，两手紧握着，什么话也不说。

何晴："还没追究你这两天的表现呢，你倒提出离职了，即使离职按公司规定你也不能马上走，还有一些事项要交代。我今天还要做个营销方案，手上活很忙，就先这样吧。"

到了傍晚下班的时候，小娜最要好的姐妹小芳悄悄地走到了店长办公室，对何晴说："何姐，你今天凶小娜了。我们都知道，可是……小娜状态不好是有原因的。"

何晴："什么原因？"

小芳："我悄悄告诉你，你知道就行了。小娜和男朋友同居，前两天查出来早孕了，每天反应可大了，尤其是早上吐得特别厉害，黄水都吐出来了，人很难受，她自己又害怕又无奈，每天心事重重的，现在又不能结婚，做人流又怕伤身体。第一次遇到这个事，小娜已经六神无主了。"

何晴听完，心咯噔一下，说："呦，这丫头怎么不直接跟我说呢？"

小芳："店长，你平常凶巴巴的，大家都怕你呢，所以有事也不敢跟你说，大家都觉得你是一个讲原则的人，我们不太敢跟你沟通这些事。"

何晴："好的，我知道了，你先下班回家吧，我来处理这个事。"

第二天早上，何晴带着几包饼干在更衣间悄悄地塞给了小娜，对她说："小娜，是我错怪了你，这两天你精神差，要不要给你调一下班，另外你也不要有心理负担，我现在就是你的知心姐姐，给你点经验和建议……"

以后的故事我们在此就省略了。店长何晴在小娜要做手术的时候，亲自帮她联系了一家可靠的医院，又确定了手术的步骤和方法，并陪着小娜做完了手术。而小娜在术后恢复后，很快就来上班了，对店长充满感激，以后见到何晴都叫晴姐。从此以后，小娜的工作状态就像换了一个人一样。

锦囊

1. 讲原则没有错，惩罚在有些时候也是必要的。但对店长来说，一定要学会在实施批评和惩罚以前要充分了解情况，对错误进行客观判断，对员工行为实施引导。

2. 一旦出现惩罚或批评的错误，店长要主动寻找解决之道，认错在先，并适当做行为补救。

3. 店长过于强硬的管理风格，有时不仅解决不了问题，还可能使沟通变得更加复杂。

4. 若是店长不善于倾听员工的真实感受，很难做到让员工心服口服。

5. 店长严格遵守公司的制度是没有错，但是忽视了特殊的情况，就会起到反作用，何晴最后获得了想要的结果，又说明了什么？

6. 店长也是人不是神，难免会犯错，有错就改才是正道。何晴主动跟员工沟通，放下管理者的面子跟员工认错，就能够重新获得店员的认同。店长即使在行使处罚权时，也要表达对员工的尊重，对事不对人，不要说出伤害人自尊心的话。

店长如何树立权威

在管理心理学中，有一个理论叫破窗理论，指的是一扇窗户
的玻璃碎了，如果没有人及时去修补，不久其他的窗户玻璃也会
莫名其妙的被人打碎。同样，如果一面墙出现了一些涂鸦，没有被
及时清理掉，很快墙上就会布满乱七八糟的东西。在生活中我们也
发现，在一个非常干净的、高贵的场合，人们是不好意思乱扔垃圾
的，但是一旦地上有垃圾出现以后，大家就会毫不犹豫地在那儿扔
垃圾。

其实在员工管理中，员工管理制度就是门店要设立管理规矩，
让员工知道什么行为是鼓励的，什么行为是不提倡的，并且管理是
有底线的，如果在一些大的原则性的问题中员工犯了错，店长网开
一面，或者睁一眼闭一眼，那么就意味着店长的管理是没有原则的，
是姑息和纵容的，是可以有商量余地的，甚至也意味着可以当儿戏。

案 例

小强今天又迟到了，一个月中，他总是要迟到几次。

按照店里的规矩，店长王欣应该扣小强工资的，可是小强

却缠着店长王欣说:"小欣姐,行行好啊,这一次你就高抬贵手,否则我这个月连续三次迟到,奖金就没了。小欣姐你也知道,我们现在也开始工作了,要自立,不能再花爸妈钱了,那是啃老,所以你一定要放过我,宽宏大量,等月底发工资了,我请姐姐吃饭。"

王欣说:"为什么又迟到,什么原因?"

小强说:"是有原因的,你一定要可怜我,我昨天晚上几乎没睡,因为我爸病了,送到医院了,基本上折腾了一通宵。"

王欣说:"你竟让我为难,不罚你,制度以后怎么执行?"

小强说:"小欣姐,我就迟到几分钟而已,而且一大早营业厅几乎没有人,又没有碍事,你就通融通融吧。"

王欣说:"你真让我为难啊。"

小强信誓旦旦拍着胸口说:"小欣姐我向你发誓,以后绝不会迟到了,如果再迟到我就自己罚自己,用自己一个月的工资请你和大家吃饭,好吗?"

王欣扭不过小强的甜言蜜语,心顿时软了,说:"行,下不为例,以后再迟到我可不客气啦。"

王欣在平常的管理中也认为抓销售、抓业绩、抓服务质量、抓现场管理,这都是应该抓的重头戏,至于迟到、稍微请个假,其实都在管理中不算什么事,因为潜意识中是这样认为,因此也就放过了小强。

王欣以为这件事都过去了,没想到三天后店里的另外一个员工王小鸽也迟到了,王欣正要记录王小鸽的迟到时,小鸽很不满地说:"店长,我觉得这样不公平,前两天小强迟到的时候，你都放他一马，没有记录，而我半年都没迟到过，你就要记我，这明显的就是偏心眼嘛！"

王欣道："小强说他爸爸病了住院，我觉得这个理由还是可以站得住脚的。"

小鸽说："那是他蒙你呢，我们都知道他经常晚上打游戏，睡得很晚，早上起不来。那天他还跟我们讲，只要对你嘴甜一点，平常多套近乎，关键时候你就是保护伞。店长，这样真的不公平啊。"

锦囊

店长王欣因为一时的心太软，失去了在团队管理中的公平性和权威性，使她以后在日常管理中不能服众。因为管理者做不到一碗水端平的时候，权威感就很容易丧失了，而员工也不会把店长再看成管理者，更多的看成是和自己关系远近的人。关系好了他会把店长看成是"熟"人，看成是姐妹、兄弟。认为平常只要和管理者近，那么就可以免去很多的批评和处罚，因为熟人之间往往是没有管理与被管理的界限的，因此店长切不可把自己定位成员工的"熟人"。

店长往往更像家长，店员则像孩子，一只手伸出来有五个指头，长短不一，店长哪怕在心里头更喜欢哪几个员工，不太中意哪几个员工，内心这样的区分也是人之常情。但是，如果在管理平台中，尤其是在行使权力的时候，明显地表现出亲近谁、疏远谁，在团队中就失去公平性，下属就很难判断什么是好坏、对错、善恶，那么营业厅就会形成凭人情办事，凭关系讲话的局面。管理者想要再维护就事论事的原则，就很难了。

店长在管理团队时，如果搞起了另眼相看、区别对待的特殊化，还会造成员工之间的隔阂和矛盾，以及差距感，那些因走关系而获得好处，甚至逃避惩罚的员工就会打击渴望公正、渴望靠实力获得认同的员工的积极性，努力实干的员工就会认为：全都是搞关系来处理事情的，店长也是没有原则的，店长说的规章制度都是因人而异的……

那么店长如何在营业厅管理中树立公平、公正的形象呢？

温馨提醒：

团队管理是共同合作，要最终达成目标，店长不可以忽视管理中的公平性，合理的管理会对团队起到激励的作用。

店长在处理问题时，要将事情和人情区分开来，即便跟老员工个人情感关系好，但是也要秉持对事不对人的处理原则。下属犯错时，店长要一视同仁，以相同的方法对待，不能厚此薄彼，更不能袒护一人，惩罚一人。

要想在团队中建立起公平性，店长自己犯了错，也要按制度坦然地接受批评与处罚，甚至还要加重对自己的处理，以此来震撼员工，从而赢得更多的尊重和支持。

凡是建立起来的制度，一定要执行。若是有新的情况出现，制度不足以进行管理时，也应该先完善制度，公布制度，再来执行制度。切记在没有设定规则并告知规则的情况下进行处罚，这对员工是不公平的。要原则在先，其次告知，最后再实施。

什么样的员工
最能出业绩

如同世界上没有两片相同的树叶一样，这个世界上也没有完全相同的两个人，每个人先天的禀赋、后天的精力、学历以及性格等，都会构成个人与个人之间特质的差异。正如这世界上没有完美的人一样，作为店长你也很难见到完美的员工。作为管理者，你最重要的不是去发现和放大下属的缺点，而是努力地睁大眼睛，捕捉他们的特点，并把特点用在合适的场所和时间上，这样缺点就有可能变成优点，并要放大这种优点带来的效应。

那么作为店长，你也应该是一个人性调动的高手和善于洞察分析的心理专家，要善于发现员工的不同特质和天赋，并把他们用在营业厅不同的工作岗位上，发挥他们的所长，实现人尽其才、人尽其岗，让不同的人在团队中发挥不同的作用，如此才能成为一个优秀的管理者。

案例

光明店有4位员工：

A是一个工作踏踏实实的女孩子，由于家境不太好，生活压力比较大，加之容貌、能力和条件都一般，所以她是店里头最勤快、最踏实的人。整天埋头苦干，店里的脏活累活都是她主动干的。由于营业厅岗位轮岗，受理和销售轮流进行。A面对营业员岗位时，因为工作3年积累了一些经验，能够手疾眼快，把业务做好。但每当轮岗从柜台走到销售岗做起销售时，她就总是显得很拘谨，很内敛，缺乏自信，销售业绩一般。

B是一个很要强，很自信，也很爱逞强的女孩子，虽然工作刚一年，但是上手很快，领悟能力很强，自己也是一个iPhone终端的玩家，销售经验十分丰富，做事干脆利落，店里做促销、做活动、做外联的事交给她去做，往往都能做成，很有一些领导风范。但是因为好强，她自我感觉很好，往往看不起同伴，尤其看不起小A，在团队中大家都对她敬而远之。

C在公司已经做了很久了，虽然员工走了一批又一批，但是她始终岿然不动，而且和大家的关系都非常好，与人交往让别人都觉得如沐春风，大家都亲切叫她"方姐"。方姐的亲和力没有问题，但缺乏激情，做服务时老客户都喜欢找她，客户也觉得很舒服。但方姐的销售业绩却一般，因为像方姐这样性格的人，最不愿意给别人压力，她认为做销售不应该勉强人。

D是店里年龄最小的女孩，1992年出生的，性格活泼可爱，心直口快，在店里像小铃铛一样，大家都很喜欢她，但因为年轻，情绪不稳定，尤其是一旦跟男朋友吵架的时候，大家肯定一眼就能看出她有情绪，她的销售业绩是随着心情起伏的，心情好的时候业绩就好，心情不好的时候整个人都会没精打采。

锦囊

很明显，对于高意愿和高能力的员工，因为他们工作态度好，积极主动性强，同时又具备业务能力棒、综合素质好的特点，因此，这种员工就是营业厅的宝贝，是最应该得到店长器重和欣赏的，往往也是店长心目中的"红人"。店长对这种员工就应该采取授权型指挥，尽量给他们搭建施展才华的平台，给出明确的目标和指示后，这种员工往往就可以做出结果，给予信任、给予器重，让他们参与营业厅管理和团队建设中来，就是对他们最好的鼓励。

对于高能力、低意愿的人来说，就如同案例中的小B，他们的能力很强，个人成绩也非常出色，但往往性格也要强，看不上平凡、平庸的伙伴，往往还带着刺头的感觉，店长们要学会用人格魅力和亲和的方式去软化他们，让他们慢慢在心理上认同店长，认同团队，愿意帮助团队成员共同成长。

对于高意愿、低能力的员工，如同案例中的小A，其实他们是特别想把事情做好、把工作干好，但因为资质所限、能力所限，以及学习能力的内功较弱，在团队中往往感觉很自卑。这时，就需要店长扮演起辅导员的角色，及时、具体地给他们以工作的指导，经常肯定和鼓励他们，增加他们的自信心，使他们更好地融入团队中，但是在工作中要告诉他们具体工作步骤，用教练型的方式管理他们。

最后，对于低意愿、低能力的员工，往往是店长们比较头疼的人。他们既没有过强的工作能力，也没有很强的工作积极性和浓厚的学习兴趣，面对这种类型的员工，店长需做到不抛弃、不放弃，尽可能发现他们身上的长处。从最容易提升他们的地方入手，在他们面前店长要做好指挥员，推动、带动、督促、监控他们把事情做好。一般来说，对这类员工，店长不可以放权，不能对他们给予宽松的信任，要保持整个工作过程中的追踪和控制，经常跟他们交流，反馈他们的工作情况，使他们在点滴的工作中，工作能力能够不断地提升，工作意愿能够不断地加强。

那么什么样的员工最容易出业绩呢？答案是有成就欲望的，有销售潜质的，有目标并执著追求的员工。我们经常会看到，有的员工很聪明，也很有能力，但就是不出业绩，其实不是他们能力不行，而是他们在心态中缺乏强烈的成功欲望和执著的追求能力。如果一个人发自内心去做一件事情，往往就会具备超出他本身之外的一些能力，他能够为了目标而调动自己，在心理学中称为"一个人就是一支队伍"。每个人身上都有各种各样的"小人"潜伏在身体各处，当一个人有目标，并愿意去追求的时候，身上所有的"小人"就会被调动起来，组成一支强大的队伍，去为目标作战。那么什么样的人最容易出业绩呢？最起码他的沟通能力、自信心、亲和力、专业能力等都具备一定的水平。但最容易出业绩的人肯定是具有营销人的十大特点：脸皮厚一点，嘴巴甜一点，心态好一点，点子多一点，关系广一点，形象好一点，准备足一点，坚持久一点，业务懂一点，腿脚快一点。

这10条营销人的性格中，如果能具备5条以上，那么就有培养成销售高手的潜质。

结合员工特点，
有效进行辅导

在营业厅里，每个员工都有着自己的性格和个性，因此，我们的店长要对员工进行灵活地辅导，只有因材施教，量体裁衣，才能够从根本上建立与员工的沟通。好的工作习惯的养成，有助于营业员职业素养的提升，而要员工养成良好的工作习惯，就必须对员工日常工作中出现的问题进行辅导。

每位员工的职业水平和状态是不同的，辅导的方式也应有所不同。所有的员工都需要目标、认同并帮助他们解决绩效问题。一方面，你需要公正地贯彻公司的方针和政策，另一方面你也要指导不同的个人，帮助他们完成工作。

按照员工主动性层次来划分，员工的行为管理需要不同的方式。因不同的人需要不同的鞭策，形成不同的管理风格。

第一层次：等候告知型。这种员工工作主动性不强，或是眼里看不到活，也有的属于没自信不敢主动去做。对这种员工，需要不断指挥他们的工作节奏，具体发出指令，告知行动步骤；

第二层次：询问该做什么。这类员工会主动询问需要干什么，或如何干，比第一层次有了进步。他们会表现出主动工作的意识，并且在本职工作干好的同时，去做一些公共事务；

第三层次：建议采取行动。这类员工的工作主动性又进了一步，他们会主动思考，积极参与营业厅的管理，对出现的情况主动出谋划策，协助店长在服务和营销管理中做一些事情。店长要保护好他们的积极性，即使建议和想法不合适、不对路，但也要多鼓励，多引导，不要打击他们的积极性。

第四层次：采取行动立即汇报。这个层次的员工属于能力强工作态度也令人信任的，可以部分授权给他们，做一些让他们对独立管理或协助的工作，只需要他们及时汇报，掌握进度。

第五层次：采取行动定期汇报。这个类别的员工属于真正授权型员工。他们可以独当一面地工作，而且会干得很好，让店长放心。店长可以将一些店面管理工作单独交给他们，只需定期汇报，了解情况。管理这类员工，需要采取平等的双向沟通，听取他们的想法和建议，店长会形成一个小小的智囊团，会开阔思路，增加方法。

案例

自强店店长王亚娟带着7个员工，每位员工在工作主动性和能力层级上都有不同表现。

李萍在营业厅已经工作4年了，第一年表现还算比较积极，第二年开始就一路平平，到第三年的时候，李萍的积极性逐渐下降，失去了学习的欲望和动力，公司举办学习会，她也没有要求主动参加，即使勉强参加了学习也不是很积极，平常的工作也不是很在状态，店长王亚娟看在眼里，叫李萍来谈心，李萍表示刚到店的时候的确有激情，但是随着时间的推移，自己已经25岁了，对事业没有什么想法了，不如找个好老公，早点生儿育女，才是正道。

店员小娜是刚刚工作一年的员工，工作积极性特别高，每天来得最早，走得最晚，主动帮店长做这做那。但是一旦遇到服务和销售的时候，小娜总是出错，每一个月几乎都会有问题，不是记错账，就是错收假钱，要么就是在终端销售中出现一些小状况。店长找小娜去谈心，小娜说："店长，我就是这种毛手毛脚的人，我妈也说了，我干活虽然快，但是给我擦屁股的时间更长，你说我怎么办呢？"

店员小南被大家称为"不可能小姐"，因为她最大的特点是面对任何问题，张口闭口都是"不可能"，心态极为消极，她自己的"不可能"，不仅影响和束缚了她的职场成长，而且影响了大家的情绪。每当给她安排工作或团队事情时，她就会说那句著名的口头禅"根本不可能"、"这是办不到的"。周末，店长让大家去派单，目标是每日派送200张，小南叫道："这根本就办不到。"周末搞促销，目标是20部终端，小南又开始说："原来周末搞促销，从来都没有突破过20部，我觉得根本完不成。"

　　小夏是店员中业务能力最强的，做事雷厉风行，尤其是刁难的客户，交给她总能搞定，甚至重大的客户投诉，只要让小夏去面对解决，最后总能够化险为夷。小夏就因为年轻，自然有一些轻狂和得意，能力和业绩突出的小夏问题也很明显，对于店长的管理总是要求特殊化对待。早上店里做清洁，她觉得自己的能力特长不是用来做清洁的，所以袖手旁观不去做；中午规定的吃饭时间，小夏也总是超时，按规定也要受罚，可小夏认为自己的业绩从来没有因为吃饭时间长而受影响，店长不应该拿这个跟她说事。店长本来对她的事还能容忍，可是容忍后，小夏变本加厉，店长既担心影响小夏的业绩，又害怕小夏撂担子走人。

锦囊

在营业厅我们经常遇到各种员工，不同下属的管理方式也应该有不同侧重。

一、店长如何驾驭能人

对能力强但态度弱的人，我们要采取以下的管理方法：

包容

　　能人型我们也叫孙悟空型，面对孙悟空类型的员工，只是一味地忍耐是不行的。太上老君就是无度地忍让猴头，才导致猴头大闹天宫。针对这种类型的员工，要向唐僧学习，软硬并施、恩威并重。某些性格特质特别明显、优点明显而突出的，在另一面或许就成了缺点，甚至致命伤。所以店长要明白，越有能力的人，他对应的问题也就越大，就像悟空虽功夫一流，但目中无人、冲动盲目，因此店长要有一颗包容之心，学会包容能人的缺点，否则店里个个都是平庸的人才，虽然好指挥，但是出不了任何业绩。

激发斗志

　　能力强的员工之所以明知故犯，是因为在这个团队中，他没有看到一山还比一山高，有了井底之蛙的感觉。如果能让他看到比自己能力更强的榜样，如参加技能大赛，到市公司、省公司争夺荣誉，就会不断激发他们的战斗力，激励他们努力超越。在跟强手较量的过程中，调整心态，看淡自我，放下傲骨。

恩威并重

唐僧对孙悟空不仅包容，还采取了恩威并重的管理。悟空自小没爸没妈，却在师父身上感受到了亲情的温暖。师父甚至把悟空打死的老虎做成衣服送给悟空，让悟空十分感动。但是悟空身上的野性是用情感无法约束的，所以师父关键的时候也下得了狠手，给他念紧箍咒。店长也要学会这样的管理，让这些员工明白，在获得更多的利益之前，遵守公司的管理是底线。

二、店长如何管理沙僧型员工

若遇到态度端正，但能力欠缺的员工，店长首先要学会识别其态度是真端正还是假端正。真的端正的员工能力欠缺也只是暂时的，他会暗自私下努力刻苦，使自己不断地成长；假的员工是表面上端正，但是没有真正地想办法去改善。店长面对态度真的端正的员工，要因其能力特点，制订适合他的辅导计划，与员工共同达成业绩的超越。在辅导员工的时候，店长要学会爱心和耐心兼具，分阶段、分目标来进行。

营业厅还经常有一种员工，我们称为沙僧类型的，他们就是态度很好，但是却出不了业绩的好人。为人老实，乐于助人，从不与人争执，即使吃点亏也忍了，不爱计较得失，沟通技巧和表达能力都比较欠缺。这种人如果不及时转换为有能力的好人，终将是庸才，对这种员工的管理，要做到：

构建成就感

他们在销售过程中缺乏企图心，在工作中不是以业绩为导向，而是以人为导向，认为只要店长认同他，团队接受他，他就可以高枕无忧。这种店员更加强化了做好人而非能人的观念，在销售中也缺少主动性，因此店长的引导对他们至关重要，店长要让这些员工明白，做沙僧类型的员工虽然好，但是最后考验员工的还是业绩。

阶段性的培训

这种员工的能力培养是要分阶段的，不能一蹴而就，店长应该为他们量体裁衣设计阶段性的成长计划。

过程督导

平常观察这类店员在销售中的表现，并进行教育和现场教育，发现问题立即纠正，并且做出正确的引导和示范，当店员在示范中掌握要领以后，店长监督其养成习惯，最终成为一种行为。

三、如何管理病毒型员工

职场中经常遇到心态消极，张口闭口就说不可能的员工，对这样散布病毒型的员工，店长要学会将他们隔离、控制与教化。

> 1. 这种店员的消极影响非常严重，又属于无法教化的类型，首先考虑是否继续留用，否则影响群体的情绪，将会带来更大的损失。
>
> 2. 店长适度控制店员的消极心态，告诫他们不讲消极话，不做消极事。甚至可以有意督导，一旦店员说出"不可能"三个字的时候，立刻缴纳 5 元的水果基金。
>
> 3. 店长还可以通过教化的方式，一步步引导和树立他们积极的心态，如给店员制定目标，给他们教授方法，让他们看到成功的喜悦，慢慢让积极的"我能"的思维和心态占上风，逐渐遏制消极的心态。

90 后员工为何
这么难管

　　90 后员工难以管理，已经成为许多公司的普遍现象，当我们去指责 90 后员工不爱吃苦、难以融入团队、没有责任心、做事不踏实的时候，其实我们应该很宽容地去想，当年 80 后在刚迈入职场的时候，我们不也惊呼 80 后的孩子不能担当大任吗？而如今 80 后孩子纷纷而立的时候，我们发现各行业现在挑起大梁的越来越多的是 80 后了。这也告诉我们一个非常浅显的道理，刚刚迈入职场的新人，在没有接受职场历练和各种磨炼的时候，他们往往张扬，自视很高，但一旦在职场经过很好的训练之后，他们也会像今天的 80 后一样，有责任，有担当，开始承担栋梁之责了。

　　90 后的家庭条件相对来说优于 80 后，他们刚刚处在意气风发的青春状态，对感情和工作充满无限的幻想，他们总是雄心大志地想干出一番伟业，还不了解人间的疾苦和人生的琐碎。所以每一个人的成长都是要有一个过程的，包容他们，给 90 后一个成长的空间，让他们慢慢融入团队和集体中，接受理想和现实的差距，是我们对待 90 后的基本心态。

案例

案例一：

营业厅里90后的小谭今年还不到23岁，长着一米八的大个，人长得也非常精神，但是他最大的缺点是缺乏忍耐和服务意识。昨天一位中年女性陪着老公来营业厅缴费，老公在缴费的时候，这位女士就走过来看终端，上下一看就知道是位不差钱的主，有地位，而且还是很挑剔的人。这位客户东看看、西问问，小谭迎上去问客户需要什么，她说："随便看看，想换一部手机，今天先了解一下。"但是每当小谭询问她的需要时，客户又不好好配合，拿起不同的终端让她看的时候，她则挑鼻子挑眼的，拿着国产手机的时候还说："国产的手机不行啊。"看到苹果的时候又说："苹果的 iTunes 太难用了，它能把人困死。"小谭内心有点火，但还是忍了忍，继续陪着客户看手机，最后客户说："你们营业厅也真会蒙人，明明手机是拿自己的钱买的，还要说零元购机，而且还把资费和套餐定得这么高，明摆着在忽悠人。"当客户说这句话的时候，小谭爆发了："你到底买不买，就算不买，也请你不要攻击我们的公司。"这位中年女性当时愣了一下，接着就开始发脾气，"这么年轻的孩子，就敢对客户这样，难怪人家都说你们营业厅的服务不好，就这态度，你们就算拿上 iPhone，也照样没人用。"小谭怒气冲天顶了一句说："我们服务态度好不好，也轮不上你说，再说，我不想服务你这种不讲理的人。"最后小谭气得脸色煞白，找到店长王齐说："不干了，在营业厅天天当出气筒，光遇到这些不讲理的客户。此处不留爷，自有留爷处，天生我材必有用，我还年轻，我才不怕呢。"看着小谭这一副年轻气盛的样子，店长王齐明白，以小谭这样的处事方式，未来碰壁的路还长着呢。

案例二

高美是一个20出头年轻漂亮的女孩，她最大的问题就是缺乏责任心。店长王齐觉得高美可能从小到大都没有对任何事情承担过责任，所以她可以对任何一件事情感到无所谓。下班盘点时，高美把终端的库存数量数错了，到营业厅补货新品到店清理时，才发现搞错了，原来某款机型还存货很多。追究到高美的时候，她说："店长，这有什么，不就是多了5部终端嘛，咱们退回去就好了。"店长告诉她，她这样的做事方法给很多人带来了麻烦，不仅司机白跑了一趟，同事们还要加班盘点，更重要的是就这么一件事都没有做好，将来怎么办。没想到高美回答得却非常轻巧："店长，没事，不就是几款手机吗？出了事你说咋办就咋办。"店长王齐看着她天真烂漫的样子，真是觉得头疼。最可气的是，上午在做促销活动的时候，让高美负责准备业务宣传单，结果等早上路演的时候才发现，她没有准备无线上网卡的资费说明和宣传单，大家在体验无线上网卡之前和之后，有些客户就想再看一下业务宣传单，却怎么都找不到。店长将高美狠狠地批评了一顿，没想到高美还很委屈地说："多大点事，不就是一时粗心了吗？有必要这样批评我吗？"

锦囊

在第一个案例中，小谭最大的问题是欠缺角色意识，他根本不清楚一个店员应该扮演什么角色，应该为客户提供什么样的服务，以及一个店员应该具备的职业素养和职业行为。

店长要如何应对？作为店长必须要向小谭这样的员工强调职业规划的重要性，规范自己的行为，处处要以职业人的意识来面对。店长的改善行动如下：

第一步，店长要对小谭进行职业化意识能力的培训与辅导。

第二步，店长应该向小谭示范，自己面对这样的客户是怎样处理的。

第三步，店长为员工提供可以学习的榜样，以便参照学习。

第四步，适当地让小谭受到一些小挫折，让他意识到人生必须要经历忍耐。

在第二个案例中，高美最大的缺点是没有责任心，没有责任心往往跟心态和成长经历有关，在成长中所有应该承担的责任都被别人代替了，所以没有养成承担责任的习惯。

高美对犯错误给别人带来的后果不以为然，那么店长要如何辅导高美这样的员工构建起有责任心的表现呢？改善行动如下：

第一步，让高美主动向因为自己粗心而造成麻烦的人道歉。

第二步，让高美通过行动弥补自己的过错。比如主动承担起重新盘点的工作，每天检查业务宣传单的数量和种类，以便在行为上纠错，并养成好习惯。

第三步，清楚地向高美讲明工作责任心，包括哪些具体的行为。比如说一名有责任心的店员应该掌握自己的销售数据，问到今天的销量时，要做到立即回答；问到最近客户投诉都有哪些的时候，要马上回应。

最近在网上有一个调查，90后心目中最喜欢的管理者是什么样子？

排名最高的是：

1. 脸上常挂着笑容，为人和善；

2. 乐于倾听我的感受；

3. 可以双向沟通；

4. 接受我的意见；

5. 不是指责我，而是真心关心我；

6. 欣赏我、接纳我；

7. 重视我；

8. 愿意帮助我。

90 后讨厌的管理者特征排在前七名的是：

1. 动不动骂人；
2. 看不起人，低估新人能力；
3. 命令的口吻，从不询问员工感受；
4. 只会罚款和监督员工行为；
5. 不公平，不会一视同仁；
6. 忽视我的感受；
7. 不重视我的存在。

可见要管理好 90 后员工，店长的个人魅力和管理风格同等重要，如何做一个让员工喜欢并且尊重的领导，是每位店长都应思考的问题。

开好班会很重要

营业厅班会非常重要，他是店长集中统一、分配、总结、跟进、了解情况等必备的手段，班会又分早班会、晚班会，以及周例会和月例会。

早班会和晚班会是营业厅每日运营计划和总结的重要方式，高效的会议将对营业厅每日的运营管理产生事半功倍的推动作用。周例会是营业厅运营过程中的阶段性总结。高效的周例会可以快速地对一周的工作进行回顾，并对遇到的问题快速地进行解决；成功的月例会将对阶段性问题进行完整的总结，为今后的工作做提前准备。

星火路营业厅是一个在日常管理、服务管理，以及现场管理、销售管理等方面都有非常扎实功底的一个营业厅。每次来做服务检查或第三方明察暗访，都能发现星火路营业厅做得无懈可击，员工工作井然有序，更重要的是，抽查一下营业厅的规章制度、报表流程以及规范话术等时，不论是店长还是员工，都能做到应知应会。

分管营业厅的领导，有一天带一些店长专门到星火路营业厅进行现场观摩和学习，发现星火路营业厅在管理方面有非常多的经验，做得最好的是他们的会议管理，不仅透彻地把早班会、晚班会运用自如，而且对周例会和月例会也有一套自己的心得体会。现在我们来分享一下星火路营业厅在各种会议管理中的一些心得体会：

1. 早班会和晚班会必须做到

早班会应注意：

落实人员到位情况。

提示本日工作要点。

振奋员工工作热情。

增加员工参与程度。

晚班会应注意：

评价当日工作质量。

理解员工辛苦工作。

放松员工精神状态。

布置明日工作安排。

2. 周例会

高效地开展周例会要注意以下原则：

针对本周出现的具有代表性的服务案例进行分析。

对抱怨问题共同协商解决方法。

提示员工各类业务考核量完成情况，督导完成进度。

3. 月例会

月例会应注意：

总结本月生产任务完成情况。

总结工作过程中的经验技巧。

分析服务质量存在的问题。

协同其他部门共同解决部分客户问题。

锦 囊

开展高效会议，必须注意到会议前准备工作、会议开展方式以及最终的成果转化工作：

第一，在会议准备方面要注意以下几点：

首先，对会议进行归类，明确开展的是一个什么样的会议；其次，制定会议方式，明确用怎样的方式开展会议，找到最优的开展方式；最后，要对会议进行设计，特别是要对会议的内容进行细节的把握和整体的控制。

第二，确认会议方式：

按照会议内容的需要，确定会议开展的方式：传达；教学；角色演练；头脑风暴

第三，成果转化：

关注会议后的成果转化工作，安排事后跟进及辅导；并将抽查测验纳入考核。

会议中经常要对业务和规范执行进行训练，那么训练的五步法是：

第一步，介绍怎么做？首先对要做的事情进行详细的介绍说明；

第二步，示范怎么做？在说明后，要做给员工看；

第三步，尝试怎么做？在员工都听明白、看明白了之后，让员工尝试着进行实践；

第四步，辅导怎么做？对员工在尝试过程中的问题，进行及时的指导；

第五步，习惯怎么做？在辅导后要让员工对工作进行重复，最终达到习惯的目的。

第四，会议及培训检测标准

一、学到了什么？（即在本次的培训中员工得到了哪些帮助？）

二、哪里改变了？（即通过学习，学员的意识有没有转变，工作思路有没有明确，心态是否得到了端正？）

三、工作中能用多少？（即在未来的工作中，在明天的工作中，在马上就要到来的困难面前，我们所培训的内容是否能用到？）

因此，我们在每次的培训之前，都应该问问自己这三个为什么，因为只有符合这三个为什么，才能真正达到培训的目标。

学到这儿，各位店长就应该结合自己实际工作，对会议管理首先要做到完备、完善、高效，之后在此基础上再进行各种创新和不同方式的使用。

有效召开晨会的
绝招

在所有的会议中，最为重要的就是晨会，有些店长认为晨会就是布置今天的工作，提醒大家今天的注意事项，以及简单的排个班就行了。我们也见过很多营业厅晨会只开三五分钟，完全的程式化、模式化，没有新意，员工们呆若木鸡听完后，就各自散到岗位去工作。那么晨会怎么开才精彩？

店长不要小瞧晨会的作用，更不能忽视晨会的价值，一日之计在于晨，良好的开始等于成功的一半。晨会的召开就相当于吹响了营业厅一天作战的号角，晨会的激情和训练成为店员们的充电器，晨会中的舞蹈成为舞动团队士气的拉拉队，领导的沟通则是去除员工不良情绪的止压阀。

案 例

海港营业厅，今天早上晨会如期召开了。

晨会主题：青春飞扬，我心飞扬，共创梦想。

晨会时间：早晨 8：00 ~ 8：30

早会步骤：

第一步，开场。

1.店长大声宣布，晨会时间到。营业厅员工 30 秒内迅速集合完毕，爱心鼓励掌"啪、啪、啪啪啪、啪啪啪啪啪啪"顿时响起，店长响亮整队，向左看齐，向前看，稍息，立正，所有营业员听从指挥，目光炯炯看着店长。

2.店长微笑，看着每一位店员，店员同样回报微笑。

3.店长点名：检查店员仪容仪表和考核，点到名的员工大声应答"到"。

4.店长带领大家宣读团队文化。

我们的口号是：青春飞扬，我心飞扬，共创梦想。

我们的愿景是：用青春的努力，共创公司的辉煌，成就我们青春的梦想！

我们的服务理念是：追求客户满意，提升客户价值。

我们今天的销售目标是：超额完成任务。

5.店长带着大家围成一圈，跳店舞《向前冲》。

第二步，总结经验。第一，店长总结昨天的销售业绩达成情况，服务达标情况。第二，店长简要总结未达标的原因。第三，对优秀员工及事迹进行表扬。第四，指导员工学习销售技巧和服务技巧。如：昨天在各位的努力下，我们店完成了 20 部终端销售业绩，超过目标 18%。主要原因是昨天逢周六促销，我们的促销工作准备充足，特别提出要表扬的是张海，他昨天用了一个多小时面对一个特别挑剔的客户，最终完成了一部 iPhone 销售，客户很满意。还要表扬营业员徐佳，在接待一位即将退网、准备退掉我们融合业务的客户时，成功地挽留了对方。大家向他们学习并鼓掌。（大家热烈鼓掌）

第三步，持续改善。店长提出改善意见：例：周末客流量。今天依然是周末，客流量比较大，因此我们要注意客户接待中认识不足的问题，昨天在营业现场，我发现有客户高声询问，但没有人应答；还看到地下有点脏乱，看完的业务宣传单没有及时地归置。今天小赵在外面做导购，所以要注意应答所有客户的问题；小张在做销售的时候，营业厅前面的卫生情况也要兼顾起来。

第四步，宣布政策。第一，宣读公司新的促销政策。如，公司最近推出的新的业务政策是……我们今天就要开始宣传这个"存一赠五"的业务，请大家适当地进行业务推广。

第五步，优秀发言。可邀请优秀店员分享成功经验。例如，昨天的销售中薛红给一个陪同朋友来缴费、随便溜达的客户完成了一部中兴手机的销售，现在我们来请她分享成功的秘诀……

第六步，成功故事。店长可以准备一个智慧的小故事，让员工获得启发与成长，例：今天给大家讲一个关于火车票的故事。有一个人经常出差，经常买不到对号入座的车票。可是无论长途短途，无论车上多挤，他总能找到自己的座位。他的办法其实很简单，就是耐心地一节车厢一节车厢找过去，每次都用不着走到最后就会发现空位。像他这样锲而不舍找座位的乘客实在不多。大多数乘客轻易就被一两节车厢拥挤的表面现象迷惑了，不会细想在数十次的停靠之中，从火车十几个车门上上下下的流动中蕴藏着不少提供座位的机遇，即使想到了，他们也没有寻找的耐心。

这个故事告诉我们，安于现状，不思进取，害怕失败的人，永远没有可能成功，就如同这个故事中，那些不愿意主动找座位的乘客，他们首先都认为自己是找不到的，心理已经埋下了接受失败的种子，所以他们就不会行动，只有自信、执著、不断去追随目标的人，才会握有一张人生之旅永远的座位。

第七步，团队文化，爱心鼓励。

1. 对同伴有意见的当面提出（构建团队正向沟通，不允许私下说坏话）。

2. 对团队最近的一些文化活动，让大家考虑一下，对即将到来的中秋节团队文化要做一些活动，请大家考虑。

3. 在店长的带领下，员工队形变为手拉手，大家齐声高喊："加油、加油、加油"。

4. 鼓掌之后，互相拥抱激励离开。

晨会召开具体步骤：

日常类早班会：此类早班会主要为非节假日、非营销活动启动和结束日、非重要日期等正常工作日。

节假日早班会：此类早班会为国家法定节假日、营业厅开展的营销活动启动日、营业厅开展的营销活动结束日等工作日。

重要日早班会：此类早班会为营业厅员工生日、新入职员工第一次参加早班会、营业厅开业周年、省市公司统一安排的大型营销或支撑活动的启动日及结束。

日常类早班会：

1. **一首音乐**：选取清新、时尚、充满激情、符合员工喜好的乐曲，设置为循环播放，直到早班会结束。

> 注1：选择音乐后要根据音乐的序曲、华彩阶段的不同设置环节，考虑不同情绪音乐对应的语言内容。
>
> 注2：选取音乐参考：古典类：《致爱丽丝》；《综艺类》：《非诚勿扰》节目开场；体育类：各大型球类联赛主题歌；激情类：《向前冲》《超越梦想》等。

2. **一种交流**：点名后加强员工与员工之间的互动和交流。（注：可选用方式有：所有员工手拉手站成一圈或两人一组面对面站立，先鞠躬感谢对方会在即将开始的工作中给予自己的支持，再帮对方检查仪容，最后再握手或碰拳、击掌、拥肩以示默契。）交流时间不超过5分钟。

3. 三个台阶：

（1）工作提醒：重点工作内容提醒，简明扼要。如内容太多可以考虑提前将内容制作成彩信或打印出来发至每人手中，突出重点，在关键内容上要加以提醒，加大员工关注。时间不超过2分钟。

（2）经验分享：将员工做得好的销售或投诉处理等工作经验进行分享，再请一位员工进行点评，促进良性竞争氛围。时间不超过2分钟。

（3）实操演练：模拟员工工作中遇到的场景，一人扮演客户，一人扮演营业员，将前两项内容完整呈现出来，再进行精化和点评。时间不超过2分钟。

4. **一个故事**：分享一个轻松的小故事，或看一段视频，或带领大家跳一段动感舞蹈，或玩一个游戏，调整大家工作前的心态，让大家开心地开始工作。时间不超过5分钟。

5. **一句口号**：可以是营业厅的服务宣言，也可以是一句感召的话语，让大家一起喊出心中的热情。

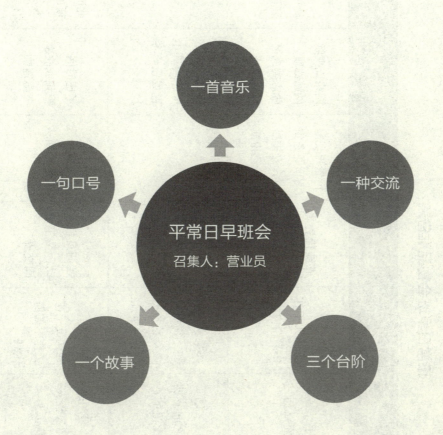

正常日早班会物品准备表：

正常日早班会	音乐	交流	业务总结	经验分享	实战演练	故事	口号
选取建议	古典音乐 综艺节目开场 大型联赛主题歌	握手站一圈或面对面站立	前一天工作中易错内容	成绩优秀者或某个案例心得分享	情景再现前两项业务重点，安排员工角色扮演	网络或视频网站选取，励志类或笑话、游戏	简明有力的宣言或口号
所需道具	电脑、音箱、乐曲应符合播放制式	一段鼓励员工之间感谢和交流的话语	如果文字较多，须制作成彩信或打印成小卡片			电脑、投影墙、同屏电视或投影手机	
注意事项	提前一天试播，可考虑由专人负责播放	指令要明确，话语要轻快，召集人可示范	重点突出，强调员工在工作中如何做到	强调良性互动，员工之间交流	可提前一天敲定扮演人员	考虑时间，视频或故事考虑铺垫	此时情绪至顶峰，召集人须多用感召

第3篇

王牌店长的销售管理

ACE MANAGER SHOULD
BE LIKE THIS

ACE MANAGER SHOULD
BE LIKE THIS

　　营业厅是王牌店长作战的场所，也是带领员工每天为客户提供服务，实现销售，进行美妙体验的舞台。这个场所能否正常运转，每一天是否能够井然有序地进行，看似很平常，其实对店长有很多挑战。在营业厅管理中，涉及业务管理、服务管理，更重要的还有销售管理，你还经常会遇到客户的投诉，需要学会面临客户的投诉管理。当营业厅的产能和效能成为一个重要考核指标时，对于店长来说，销售管理就成为在业务管理和服务管理的基础上更增值的一种行为和能力了。

　　在这个篇章，我们重点筛选了一些你经常会遇到的问题或经常有困扰的现象，依然通过案例，通过梳理应有的知识点和经验的提点，让你快速地做一些知识的积累和一些经验的反思。最后，我们还要分享一下，对于店长来说，工作计划的重要性。

　　狭路相逢勇者胜，让我们各位店长漂亮突围。

影响营业厅业绩的
因素

影响一个营业厅销售业绩的因素有很多，有许多客观的原因，如营业厅的地理位置和环境、客流量的多少、营业厅知名度等；也有很多主观因素，如聚客能力的打造、氛围的形成，以及店长自己的管理方法和思路。有时候我们店长在匆匆忙忙低着头拉车，追赶业绩的时候，也需要停下来分析一下自己成功和失败的原因。善于总结和分析，我们才能够更好地去追赶目标，也是行走更有方向的保障。

"磨刀不误砍柴工"这句老话用在什么地方都是有道理的，如果能探寻出影响业绩的原因和要素，并寻找到针对性的方法，营业厅业绩和指标一定会上升。

今天上午营业中心召集会议，分析各个营业厅产能提升快与慢的原因，各店店长都做了相关的发言。当讨论到北京路营业厅业绩迟迟不能上来的原因时，店长王刚将一份分析报告交到了营业中心李总的手中。

北京路营业中心 1～3 月业绩持续下滑的原因如下：

1. **修路原因。**去年 12 月到今年 2 月，周边的路一直在整修，挖了许多大坑，不能行车，更不能停靠，行人走到营业厅也很麻烦。2 月份虽然路修好了，但是一段时间中，客户不愿意来厅的习惯还迟迟不能改变。

2. **竞争原因。**距北京路营业厅附近 500 米内又开了两家手机专营店，每天各种促销活动做得五花八门，让价力度非常高，抢走了我们很多的客源。

3. **天气原因。**1～3 月份正逢阴冷潮湿的天气，阴雨不断，影响了客流量，导致客户进店率不高。

4. **政策原因。**公司在 1～3 月做的促销方案，很多客户觉得不够吸引人，尤其是对合约快到的客户，没有更好的维系政策。

5. **其他渠道分流。**有些客户现在已经不到实体店买手机了，他们更愿意到淘宝网上，以及我们的电子渠道去买，从价格来说我们实体店的价格还是不够吸引人。

6. **人手原因。**北京路厅人手一直处在超负荷状态，没有办法走出去营销，人手太少。

建议改进方法：

1. 增加岗位人员，以便更好地增加销售队伍力度，提升销售量。

2. 希望获得市公司在营销费用方面的支持，使营业厅能够做一些吸引客户的打折优惠活动。

3. 多设计一些色彩丰富、具有震撼力的 X 海报和业务宣传条幅。

看完王刚提交的这份营业厅业绩分析报告，李总又看了一些其他营业厅的业绩分析报告，一下子眉头紧锁。因为大家提出的业绩不能够提升的原因有很多，而且都很相似，基本上跟王刚做出的报告大同小异，而提出的改进方法也基本上是要政策、要经费、要人手。李总有些生气，他看到了不少店长认为销售业绩不好跟他们自己没有太大关系。李总沉思了一下，觉得要打开店长们的心结，他先讲了一个成功提升销售业绩的某市营业厅案例。

"前段时间我们到某地市去参观调研，了解了一些情况，让我非常惊讶的是某店地处的位置非常偏僻，客流量也不大，在地市公司给予的同样的销售政策、经费和人员配备的情况下，这个店的产能却非常高，让我们都很惊讶。你们想知道他们是怎么成功的吗？"

各位店长一下坐直了身体，带着渴望的眼神看着李总。

李总接着说道："第一，从地理位置来说，他们的店离十字路口有 600 米，并不处在主干街道上，主干街道人来熙攘，他们和主干街道是一个死角，处在 T 型里面，而且距主干街道有五六百米。一般的客户，除非是急着要缴费专门跑到营业厅，大部分客户没有办法因路过而进厅；第二，他们厅也是一个 C 类厅，面积很小，人员很少，门面也不很打眼；第三，店里的员工也只有 4 个人，加上店长就 5 个，但是他们却成功了，这跟店长的管理思路很有关系。这位店长是一个很有思路的人，他想尽了办法：第一，他让员工派传单营销，就不站在自己的营业厅门口，而是站到T型街口上，还教会员工用执著的、能够黏住客户的话术拦截客户，基本上能够做到接近10个客户就有3个客户成功地被邀请进店了。第二，在月底出账日，因为人手少，不能设一个专人到街口派送传单的时候，该店店长就会跟城管沟通和交流，将宣传海报和箭头贴到客户能够看得见的一个位置。最近他们正在申请做一个门头，叫横向门头，这样路过的客户就能够用视觉看到了，效果会更好。第三，店长将他周边1000米以内的大小商铺、办公楼、商家店铺，以及附近的学校和医院，全部跑遍了，摸排之后，针对周边不同的目标客户群体进行不同的营销策划和宣传单页，挖掘周边客户的消费能力方面做得非常好。第四，在系统中，该店将相关的客户数据和客户信息定期采集下来，有目的地设计主题，通过电话回访、短信回访等方式进行推介。据我所知他们开始做《合约客户到期回访计划》《融合业务潜在客户回访计划》《营业柜台交叉营销指南》，以及其他一些体验营销活动设计。"

见到大家瞪大眼睛专注在听，李总接着道："这个店在外部联盟中也有很多的亮点，他们跟周围的客流量比较大的餐馆、超市、美容店都开始进行商家联盟，互相交叉客源，收到了很好的效果。"

听到这里，来开会的店长们表现出若有所思的神情。

锦囊

　　哪些因素会影响营业厅的销售业绩呢？高营业额＝人流量＋客流量＋进店率＋靠柜率＋体验率＋成交率＋客单率＋回头率＋介绍率。

　　店面外有高人流量，但不等于就有高客流量。比方说火车站、汽车站人流很多，但并非就是我们的准客户；一个店处在商业街区，你看到街上的客流量很大，但那些客流都是逛街购物的。所以人流和客流它只是构成客户的一个基数，光有客流量不行，客户进店才是王道，只有进店的客人多了，接触客户的几率大了，成交的机会才会大为提高。因此作为店长要考虑的因素主要就是如何提高准客户的进店率。

　　有些客户进店以后，逛着逛着就离开了，或者是茫然的、没目的地在厅里走了一圈，就直接走了，他根本就没有靠近我们的体验柜台，没有靠近我们的终端销售区来接触我们的商品。因此，店长们要提高的另一个业绩要素就是靠柜率。

　　客户虽然可以靠柜，但是客户不进入体验区，不参与体验，就如同客户去买衣服，看到衣服很漂亮，款式很多，但是客户只是很羡慕，站在旁边观看，而没有自己试衣服，没有自己试穿他就不会购买，他会放弃对我们商品的购买。接下来店长要考虑的就是如何提高客户的体验率，因为一旦体验，成交的可能性就会增大。就如同女人去买衣服的时候，她会试穿很多，但是每次试穿之后，她是把衣服留下就走，还是愿意停下来跟卖家询问价格，讨价还价，直接决定了客户能不能现场购买，这就叫成交率。

成交率构成要素有：商品吸不吸引客户，客户是否能够找到与自己心理价位匹配的产品，销售人员对客户的需求是否能够快速找到并把握，是否能准确提供给客户最匹配的产品，是否能用最合适的沟通技巧来说服客户进行购买。当客户准备购买时，就有客单价了，虽然客户产生了一次购买行为，但他是包了我们的 iPhone，支付了 5899 元呢，还是买了一个 799 元的合约计划终端？看起来都成交了，但这里的客单价是不同的，因为每个月客户包的套餐的最低限不同，也意味着每个月客户的套餐消费有很大区别。

回头率是我们服务和维系最具时效的回馈。如果体验活动吸引客户，即便客户包了合约计划两年或者三年，但客户会频繁光顾营业厅，来下载软件、参与营业厅的各种体验活动，他自然就会带一些亲朋好友来，这样我们就有了回头客。

介绍率往往是我们都意想不到的一种提升业绩的好办法，老客户一旦对我们的产品和服务满意，或者经过我们的一些政策激励，老客户就会带新客户进厅，这样我们的客源就会有保障。若是客户合约到期，依然选择在我们的店来续签，那这个回头率就更有价值了，我们也就更理解了在一个老客户身上发展新业务所付出的成本只是发展一个新客户 1/5 的说法了。如果能把握好老客户，老客户会创造更高的价值，并能成为营业厅义务宣传员，所以各位店长也可以问问自己，客户的回头率有多少？客户的转介绍率又有多高呢？

如何实现全脑销售

　　人类的大脑非常奇妙，分为左脑和右脑。左右脑分别负责不同的职责，有不同的分工。左脑代表的是：层次、分析、归纳、词汇控制等，同时我们也称左脑为理性的半脑，就是我们俗称的意识脑。而我们的右脑则代表着冲动、幻想、联想、情景、感觉等感性的思维。理论上，客户都会用左脑来控制钱包，害怕商家把钱骗走。但事实上，绝大部分客户最后用右脑完成了消费。

案例一：

　　一个在外企工作的女性，工作非常紧张，当然收入也不菲，每天工作之后，她渴望用优厚的生活来回报自己，自己爱自己。有一天加班到了晚上8点，这位女性才离开商务写字楼，沿着闹市想去吃一顿自己喜欢吃的美式牛排来犒劳自己，一路走着，她看到了一个专门卖精油和香氛的装潢漂亮的小店，她不自觉地走了进去，询问是否有助于缓解劳累、镇定精神的香精，导购笑盈盈地对她

说："美女，气质真好。你刚才说是想需要缓解压力功效
的吗？"

"嗯。"

"你太懂生活了，现在人生活压力都大，一看你就知
道你也是职场中的杜拉拉，我让您试闻两样，一定会让您
觉得通体舒坦、神情和悦。"

说着导购将精油瓶子摇了摇，掀开盖子让美女闻，一
边用优雅的语调说着："这款香精用的是南美洲特制的薰
衣草香精，您可以放到枕头边，伴着您缓缓入眠；也可以
在洗澡的时候，滴几滴，让全身沐浴在最放松的状态……
它的气息可以刺激嗅觉神经，直接传递到大脑，从而消除
疲劳，缓解压力，它还能塑造宁静的气氛，你也可以滴几
滴在枕头边，整个夜晚都会有一种神静心宁的感觉。"最
终这位美女买了导购推荐的香精，可是试验者随后跟进她
了解发现，她买回去以后，一次也没有用，就搁在柜子里
了。

案例二：

在某营业厅有几款滞销的机型，虽然价格已经打折到
700 多元了，合约也很便宜，但是依然卖不动。有一天销
售顾问小李灵机一动，在临近重阳节的时候，画了一张温
馨的海报，用展板支在柜台上，旁边辐射状地摆了几款低
端的手机，没想到许多客户在进出营业厅的时候就在这个
柜台边停留下来了。机子还是那个机子，合约套餐还是那
个价格，那是什么原因让客户改变的呢？

　　仔细一看，小李在展板上贴着两个温馨的老人家，就像我们常见的爸爸妈妈，底下的主题写的是"尽孝不能等，关爱爸爸妈妈从今天做起"。在这个主标题之下，我们看到了一键求助，"让爸爸妈妈随身带一个晚年生活的定心丸"，还有一句，"你用时尚，孝心给妈妈"。

老人手机

　　产品静态的搁置在那里的时候，往往不引人注意，但是一旦包装了主题之后，产品传递的信息已经不仅仅是使用价值和实用功能了，它更多地散发出能够给客户带来心理功能和心理价值的含义，那么这里面有什么奥妙呢？

锦 囊

在我们的销售中，要充分使用全脑销售理论，实现全脑销售。首先营业厅的氛围布置要让客户产生冲动和联想，让他有占便宜的感觉和足够的热销气氛，但更为重要的是要在销售话术上实现轰炸客户左右脑的目的。

首先，在对客户进行产品销售的时候我们首先要用左脑说话，比如在各类业务营销中我们一定要先为客户算账，让客户有一个清晰的思路，算出我们的产品会为他省下多少钱，带来的有几个方面的好处。同时，我们要在营销过程中归纳词汇，理性地为客户讲解我们的业务，分析出我们产品的优势，并拿数字说话。巧用归纳、分析、数字等技术来刺激客户的左脑做出决策并接受结论；左脑具有百问不倒的功夫和技术，左脑善于使用数字的技术来进行分析，所以用左脑说话要习惯用"它具有四个方面的优势……"来组织语言。例如：

> "3G 业务具有多、快、好、省、广五大优势……"（为客户归纳）
>
> "我们的无线上网卡速度是最快的，上行速度达到 5.6mk，下行速度现在最快都达到 21mk，让你享受飞一般的上网速度……（用数字证明）
>
> "这款套餐含语音通话 450 分钟，上网流量 80mb，还送你 10 分钟可视通话，还有赠送 200 条短信，同时还送 6G 手机邮箱……"（为客户算账）

　　店长要善于用左脑理智地与客户对话。这样在销售过程中会让我们更加占有优势。接下来，我们看看如何使用右脑促进销售。

　　人类的右脑代表的是：冲动、印象、直觉等。同时我们也称右脑为感性的脑、本能的脑，是我们俗称的创造脑。当我们用左脑为客户进行算账后，我们要善用我们右脑来对客户进行情感的刺激，用煽情、打比方、举例子等方式刺激客户的右脑激动起来，并快速认同我们的引导。右脑习惯使用生动的描述打动客户，给客户举例、打比方、情景描述煽动起客户的情绪、刺激他的感觉、让他的右脑激动起来。如下的语言就属于右脑语言：

　　"我们现在合约计划中每天在全国卖得最火的这款中兴 V880 智能手机，被称为中国的 iPhone，也是大屏，触摸手感非常好，才 1000 多元，性价比特别好，特别适合您这样时尚、有品位的先生，不如续签合约时换这个手机吧？"（刺激客户）

　　"您用这款机型，不仅特配您的气质，还会使您在生活和工作中是一个更时尚，更前卫的人，同时也能给您带来方便、快捷。"（让客户联想）

　　"这个机型我们刚降价，性价比非常好，连我们自己都用呢。"（占便宜归右脑）

　　"您想想看，当您在外地出差的时候，想了解周围酒店、超市情况，打开这个大众点评软件，输入您想查找的内容，马上就可以搜到了。多方便啊。"（让他憧憬）

　　用我们生动刺激的语言来刺激客户的右脑，进行轮番的轰炸，让客户的右脑打败他的左脑，从而购买我们的产品和业务。

营业厅的聚客
氛围好吗?

营业厅能否吸引客户,凭什么吸引客户,这是店长在聚客氛围营造中每天都要苦思冥想的问题,营业厅的销售,从日常的角度来说,它已经就是营销了,只要你有产品,只要你挂着标签,只要你有最简单的业务宣传,其实就是在做销售了。对于营业厅来说,日常的销售才是最关键和细水长流。有些店长认为做销售就是要做营销活动策划才叫销售,那也对,但是对营业厅来说,你不可能天天做促销活动,365 天中,除了年、节、周末,更多的时候我们的店都是在做日常营销的。但是有些店长就会忽略日常营销,认为日常营销就顺其自然,不必营造氛围,因此就出现了很多的销售差异。

有时候我们也看到在营业厅规模、面积、功能区分、环境陈设和人员配比都相似的情况下,为什么店和店之间的业绩差异那么大呢?

案 例

　　A店和B店都在商业区，店面大小和级别也非常接近，都属我们的旗舰店，定位风格也比较相符，人员客流量和员工的匹配也差不多，但是他们业绩却差距非常大。

　　A店的任务，每个季度只需两个多月就能完成，而B店却时常为完成任务而苦恼。其实这种情况，相信大家都屡见不鲜，在很多的商家中，我们发现在同一商场、同一条街、同一层楼、同样大小的店面，甚至风格都类似，有时候业绩可相差四五倍，但是业绩相差这么大会有什么原因呢？

　　我们来看A店，A店的销售导购有4人，3个女孩，1个男孩⋯⋯他们给客户的第一印象非常好，淡然的笑容，笑容可掬的神情，合理的妆容，加上极富亲和力的语言和自信从容的内涵，传递出来的是热切和真诚的眼神，让你都不好意思拒绝他们的微笑。

　　在A店，即使在客户比较少的情况下，似乎也永远没有闲着的员工，他们要么走到门前去派发传单，邀请客户进店体验；这个客户刚走，那边就开始整理柜台，摆放产品。即使在停顿的间隙，他们也会将测试机或者游戏机打开，站在那儿帮助能给你带来很多价值和帮助的人，使你不忍心回绝他们，又甜又自信的微笑⋯⋯

　　当客户从门前经过的时候，总能听到一句热忱的"欢迎光临"，待客户离开的时候，女孩子们也会调整终端陈列，摆放柜台，价签，整理柜头，核查货品库存。这些女孩子似乎有永远做不完的事和干不完的业绩。

B店的柜台也同样是自己销售岗位，产品和宣传物料也都是由市公司统一定制和派用的，但是一进B营业厅顿然感觉到很清冷和肃静，销售的神情也似乎进入了低迷期，每个人脸上都写着几个字：不好销售。

本来也是穿得挺漂亮的工作服，却因为销售员无精打采或者不自信的状态，让整个销售气场失去了光彩，即使客户临近柜台，迎接客户时要么是生搬硬套说"欢迎光临"，要么就是神情有一些呆板地看着客户，硬是用毫无热情和毫无销售意识的气场把客户"冷"走了，有些客户就像走错了地方一样，姗姗地走出去，而销售员则想："真倒霉，任务量这么大，反正也很难完成，真不想干了，我今天怎么一个买主都没有遇到。""真没劲，销售太难了。"恶性的氛围循环，使客户和销售都不断地陷入忧愁和排斥之中。

再来看C店，C店的功能区也是按公司统一标准设计的，体验区、终端销售区、业务受理区、自助区和VIP区都井井有条，终端的摆放也非常的到位，而且还用着手机常亮软件，客户只要一靠近柜台就能看到始终在闪亮的手机界面。客户从厅外开始就能看到夺目的业务宣传信息，POP的广告条幅也做得非常醒目，在黄金视觉区能一眼抓住客户的心思，在自助缴费区客户一抬眼就能看到目前正在热销和促销的业务信息。而办理业务的客户坐到受理台前，即使只停留2分钟，也能看到吸引他的一些资费优惠和业务套餐。下载区的二维码墙熠熠生辉，销售正带着大家做体验营销活动，C店发挥出每平方米都在增效的作用，寸土寸金中都在有声无声地提醒着客户，我们的东西很有趣。

D店硬件都已经具备了，功能区的划分也都到位，但是店里头却显得很冷清，仔细一看，外面的橱窗和条幅都不能吸引客户，没有营造出聚客氛围，来来往往的客户都只认为它是一个缴费、办理普通业务的营业厅。走进来既没有见到近日主题营销的条幅和吸引人的POP，看见终端也都是黑屏，客户也不好意思去注视和聚焦在手机上，只是绕着终端体验柜台胡乱地走一圈就离开了。业务办理区和自助服务区，除了公司配的通用的X展架和业务宣传单之外，也没有让客户能够产生强烈兴趣的一些宣传要素。D店和C店规模一样，人员一样，但是聚客和吸引客户的能力却差异很大，自然销量也有很大的差异了。

锦 囊

1. 销售的工作状态直接决定了店面的销售气氛，以及是否吸引客户靠近的主要原因。

我们作为客户也有这样的体会，当进店的时候，若是看到一家店铺的导购无所事事、发呆，或是聚在一起聊天，首先会给客户的印象就是这家店的生意不好，这么冷清，连员工自己都很无聊，就会想我进去会不会宰我一个冤大头，或者觉得销售和营业员态度不好，上班时有拒人千里的感觉，若是我靠近，他们会不会冷淡我，那我岂不是自讨没趣。可见即使在客流量很少的情况下，我们的销售也要表现出忙碌工作的样子，保持积极工作状态，塑造客户容易进店的氛围。

2. 吸引客户的秘诀就是客户进店以后，他不再是用脚来走路，而是用眼睛来走路。

客户在店里能够停留多长时间，取决于我们对客户进店过程中整个环节中的控制，你让客户看什么、听什么、玩什么、触摸什么，以及询问什么，完全要由我们在厅店管理中进行巧妙地设计，若是你的设计非常具有吸引力，客户就会在店里更多地停留，靠近你设计的营销触点，增加销售概率，完成交易。

那么怎么判断客户愿意进厅呢？在这里给大家支一个小招，非常简单，店长可以把自己当成客户，从营业厅外面到里面像客户一样走一遍，从客户的角度，从局外人的眼光去审视，看看自己和别人的营业厅有什么差异。

往往这个时候问题就出来了，客户爱进这家店，为什么进？这个人是新客户还是老客户？客户进去以后都关注什么产品？哪个价位的终端最受环境影响？哪些店铺的促销活动能吸引客户？同时拿我们店和人家的店比，我们的店为什么不吸引人？为什么我们的店留不住客户？我们在哪些地方应该取长补短。

3. 店长要不断观察和分析自己店铺的卖场人气，不断创新，寻找新方法。

卖场人气不高，店长要仔细分析，是员工的积极性不高，还是销售技巧有问题？是货品摆放的问题吗？还是营业厅卖场的布局不合理？我们的门店管理中没有什么大事，销售其实就是做细节，每一个细节都有可能对销售业绩产生巨大的影响，小事做好了，那你的销售大事就没有问题了。

4. 相信大家都听过这样一句话，最好的市场也有最不好的生意，最不好的市场，也会有相对好的生意。

我们经常听到一些做生意的说，我们都差不多，门店装修不比他们差，导购也挺漂亮的，品牌定位和终端也都差不多，为什么他们就比我们业绩好呢？我是不是得拜拜神，改改运气，否则生意怎么不上门呢？现在我们清楚了业绩的差异是什么时候开始的，其实业绩的差异就在客户还没有进店的时候就已经开始了，因为你店铺的氛围、人气、员工的状态、产品陈列的新意、促销活动的展开都已经决定了客户是否愿意进来，客户不进来，你自然就没有生意了。

5. 抓住服务的第一步是我们营销的契机。

服务的第一步不是导购喊出欢迎光临的时候，而是在客户没有进来的时候，服务已经开始了，因为你店面的外部形象和店面门口是否有聚焦的意识，已经决定了你是否向客户提供服务。所以想办法提升店铺进店率是服务的第一步，我们作为客户也会经常逛街，在逛街的时候，你是否会发现当你在无意识闲逛的时候，眼睛是游离的、飘忽不定的，但这并不代表我们没看东西，而是我们无意识在看，随意浏览着。在这个过程中，也并不代表我们大脑没有记忆，事实上我们的大脑也在随时收集信息，有时候我们走进一个商场，在过道随意逛着，可能嘴里还和朋友说着话，但就是会鬼使神差地走到一个柜台看，或者坚决不过去，这些其实就是店铺与顾客之间一种无形的感觉和无形的服务。

营业厅销售动线和销售触点很重要，你懂吗？

通信行业营业厅在转型以后，在功能布局上，有一个非常明显的特点就是突出了终端销售区和体验区，将这部分的面积增大，而且布局在客户进厅最容易看到的地方，面积的增加和柜台数量的增加，就是为了增加客户在终端销售区域和体验区域行走的路径，以及接触终端和产品的几率；同时我们把业务受理区面积压缩，并且设置在营业厅离门口较远的地方，最好在客户进店时必经终端销售区才可以进入业务受理区；与此同时，我们对自助服务能力较强的客户，为了实现分流，将缴费快速完成，我们把自助缴费机放在离门口不远的、在右手拐角处或者左手拐角处就能看到的地方，使这种消费客户不影响其他的客流；而在终端销售区旁边，我们肯定设置了一个软件下载区和体验区，目的是买完终端和手机的客户，在这里可以享受我们的售后服务，也能体验一些很有趣的软件应用；在转型最彻底的厅，已经没有客户等候区了，甚至把客户等候区放在了体验区和自助区合并的地方，目的是让等候的客户也能参与我们的体验活动中来。

以上种种是我们在营业厅进行销售路径管理和营销触点设置的目的。

案例一

张先生今天进超市，只是想买一点木耳，推着购物车一下二楼电梯，首先看到了陈列非常长的冷冻冰鲜柜台，他必须要穿过这个长达十几米的卖鱼肉、海鲜、虾的长柜，才能走到他想要去的区域。张先生起初一点都没有购买的欲望，只是本能地推着车子向前走，突然一个醒目的带着降价箭头的横幅展板出现在他的眼前，"美极鲜虾，原价 29 元，今日 21.9 元"，同时张先生看到了很多客户围着卖虾的这个区域在抢购，张先生内心突然就想，儿子挺爱吃虾的，一直以来虾都卖得很贵，今天我也买一点吧。张先生称完虾，继续往前走，又路过了水果柜台，琳琅满目的水果陈列得非常丰富。张先生一开始接近这个柜台的时候，还对自己说我家还有水果，可以不用买，在水果柜台行走到尽头的时候，他又看到一个店员在那儿削进口的热带水果，还邀请大家品尝，张先生无意识地接过店员递给他的牙签上的水果，看着店员的表情和大家叫好的神态，张先生一看水果不贵，就拿了一袋走了。

案例二

李女士今天到营业厅来缴费，利用中午的午休时间来给家里的宽带续费，同时给老妈家的固定电话续费。李女士是一个很有孝心的女儿，但是平常工作很忙，凡是进营业厅都是匆匆忙忙的。她今天一进营业厅首先就看到了在台阶上的一个店里的业务信息，"全家乐能够给你带来全家交流畅快无限的感受"，当时她的本能习惯就是进店直奔她想要去的营业柜台，结果她先在这儿停留了一下，了解全家乐的情况，得到了一个初步信息就是全家乐的业务，可以每月省去全家通信费用的 20% 左右。但是她在这个地方并没有多停留，依然急急忙忙地到了缴费柜台，在缴费柜台等待的过程中看到受理台席旁边有一些业务宣传单，和在门口看到的全家乐的促销信息一样，她就拿了一张看了起来，有些业务资费她并不清楚，这时候她脑子里还是茫然的，但是省钱的意识让她不拒绝和排斥这样的信息在此进入。当业务办理完毕的时候，营业员主动对她说："李女士，我们有一个业务能帮您省钱，您了解了吗？"李女士顿然间脱口而出："是你们的全家乐吗？……"最终李女士办理了全家乐的业务。

锦囊

锦囊一：

1. 客户购买基本知识

对于客户购买，我们非常清楚地知道，有的客户会临时起意地实现购买，有的则是深思熟虑地谨慎选择。关于购买，我们需要了解客户有这样的购买特点：

第一，随机性购买：客户事前没有计划的机型，在营业厅看后才决定购买。这种购买往往是因为导购的销售话术、营业厅氛围、某一个价签或者某一个促销信息强烈地吸引了他，不自觉地在瞬间实现了购买。在案例一中我们也看到了这种情形。

第二，计划性购买：客户事前对手机通过广告、网络、朋友等了解，计划好要买的手机，但是依然会出现，客户原本想买 iPhone，但是因为看到某些品牌机促销热烈，导购演示和体验做得好，他也会临时起意，改变购买计划。

> **调查表明：**有 72% 以上的客户在店里才决定是否购买手机，并且客户计划好的购买行为会受到销售现场的因素影响而改变购买决策，因此现场的陈列及促销氛围对提升销售量有非常大的帮助。

2. 影响客户购买的因素

影响客户购买的因素有很多，质量、广告、品牌、口碑、促销、陈列、包装、价格、习惯、时尚等。有些因素是我们店长无法掌控的，比方说产品的质量，终端的品牌，以及他们的广告特点，可是在营业厅销售管理中，我们是可以做到促销、陈列、包装、价格等要素来影响客户的，通过这些要素的组合，营业卖场的陈列可以改变客户的购买习惯。

3. 客户的销售现场购买行为特点

客户在销售现场虽然每个人的购买动机和欲望不同，消费水准也不同，但他们有一些相同的购买行为特点。

在行走的路线方面：

95% 的客户在走完 1/3 的店铺后才停止
90% 的客户不喜欢走很多的路线或走回头路购买所需

的商品

大部分的客户喜欢直走

大部分的客户走到店铺的拐角处时通常喜欢向左转，逆时针行走

在选择购买的区域方面

客户会避免走进嘈杂、不清洁或黑暗的角落和地方，这会有不舒服或不安全的感觉。

如果店铺入口处拥挤或过于熟悉，客户会直接进入店铺而不会停留。

在购买时的行为方式

客户倾向于看右面或从右面拿取手机

客户不喜欢很费劲地寻找要买的产品

客户不喜欢弯腰或踮起脚来拿取产品

在购买的计划性方面：

至少有72%的客户会在销售卖场决定购买什么样的手机

只有28%的客户会事先计划好买哪一款手机

综上所述，我们在销售动线管理和营销触点进行管理，实际上就是为了延长客户在销售区域的行走时间，增加他们在销售区域等候的过程，改变客户进厅直奔主题的习惯，改变他们行走路径，并且在

行走路径中增加他们对我们产品和业务的触点，使客户有意无意地把给他的路径指引和产品销售进行强化，最终提升我们的销售业绩。

锦囊二：

客人不是等来的，而是被吸引来的，销售不是靠天吃饭，而是靠自己吃饭。

店铺的客流量是不断变化的，如何才能吸引客户，这一切要看我们如何去做。

在销售中，卖场的气氛非常重要，因为人们都有一个随大流的习惯，看哪个卖场人气旺，他就会认为这里的东西应该不错，不由得也会进来看一下，而卖场的人气是由什么营造的呢？不外乎就是人和货。员工的状态，员工的配合，以及卖场的及时补位，终端的陈列等，这些都会直接影响客户是否愿意进来，是否愿意在这里多停留一段时间。

正因为营造客户容易进店的气氛至关重要，所以在没有客户进店时，导购在闲暇时也要表现出忙碌、快乐工作的样子。

服务的胜败、成交的概率，在客户没有进店前可以确定20%，进店以后在销售之前确定50%，最后30%是由最终的销售技巧推进并完成的。在每天的工作中，我们各位店长应该不断地动脑筋去琢磨，如何产生轰动的销售氛围，创意、卖场的陈列，尤其是抢眼的橱窗陈列，终端摆放，POP条幅悬挂，以及忙碌而热闹的卖场氛围，这些都是从感观上吸引客户进店，并留住客户的重要途径。

进厅的客户都是谁？

客户是销售活动中最重要的人，也是我们的产品和业务的销售对象，作为一个店长，应该敏锐地识别出进厅客户都是什么人，以便做对应的服务和营销。不论大厅还是小店，只要你用心去分析就会发现进厅的客户大致有三种类型：

第一种是心中有目标的客户，如知道办宽带可以省钱，直接来办理；知道某品牌最热销，直接找上门询问的客户；

第二种是初步有需求，但还在咨询了解阶段的客户，已决定要买手机的客户，但并没有确定在哪里实现购买，在不同的运营商或是手机卖场中询价、比较；

第三种客户并没有明确意愿，随便来营业厅逛逛，或是路过，或是陪别人来，未决定要某款手机的客户和随意浏览手机的客户；

那么，在营业厅的服务及销售机会，也会因客户不同，而有不同的契机。

案 例

　　店长夏雯是一个很有心的女孩子，虽然年龄不大，但机敏、聪慧，上任两个月以后，她在把营业厅现场管理的套路熟悉以后，就开始琢磨怎么样增加销售机会。因为她的店客流量还算可以，但是两个月下来夏雯发现，销售量并没有提升上去，所以她决定用一周的时间来做一个大致的统计，看看自己店里到底都是什么样的客户在进进出出。夏雯采取的是现场分析客户的一种最简单的办法——目测法，她在非出账日中选择了一周，有意选择了一周中不同的时段来进行记录。

　　星期一，夏雯在 10：00 ～ 12：00，发现这个时间段来店里的很多是缴费的客户。

　　星期二，夏雯选择的是 17：00 ～ 19：00 之间这个时段，发现进店的客户有三种类型：一是办业务的，二是初步了解的，三是随便逛的。

　　星期三，夏雯选择的是 12：00 ～ 15：00，发现在这个时间段中体验手机的客户是最多的。

　　星期四，夏雯选择的是 15：00 ～ 17：00，在这个时间段，咨询业务的和了解终端的客户都比较多。

　　星期五，夏雯选择早上刚营业到 10：00 这个时间段，发现主要是缴费客户，而且年龄偏大。

　　星期六，针对周六上午，夏雯统计出进厅缴费的客户和了解终端的客户比较多。

　　星期天，针对周日下午，夏雯统计出进来体验和下载软件、咨询机型的客户比较多。

经过一周的观察和分析，夏雯基本上对这几种客户的类型有了基本的判断，并有了应对的政策，那么，我们来看看夏雯的工作日记，看看这位用心的店长，她是怎么样形成对客户的思考和分析的。

第一种，决定要买某款手机或办理某种业务的客户

客户的特征：

这类客户知道他们要买什么款式手机；知道营业厅什么业务适合自己；

在购机时会很痛快地做出决定；在选择套餐时很清楚知道自己是语音型客户还是流量型客户；

在进入门店之前，这类客户对他们要购买的手机的性能、质量、价格等都已经有数。或许是一位朋友向他推荐这款手机，或从广告中详细地了解了这款手机，或许他已经对比几家运营商了，对此种手机或业务的优点已心中有数。

你可以观察：

一般说来，他们的外在表现很明显，营业员可以通过他们走路的方式、眼神、面部表情、说话的声音来辨别这种客户。

可选择的对策：

这类客户进店后，马上就寻找想要买的品牌手机，当营业员把手机拿给客户后，他会询问几个问题，然后就会付款。此时，营业员一般不必对手机进行详细的介绍，除非客户提出要求。营业员要注意倾听客户在说什么，但是营业员一定要注意，不要把你的想法强行推销给他们，对他们的意见要有赞同的表示，因为这类客户都喜欢营业员能耐心地听完他们对手机的评价。

对某项业务有了解的客户，也会直奔主题问营业员，如：你们是不是有那种把固话、宽带、手机捆在一起，可以省钱的业务啊。

第二种，未决定要买某款手机的客户；不清楚有可以满足自己潜在需要的客户。

客户的特征：

这类客户还没有下定决心要买什么款式手机；还没决定要使用哪种业务；

这种客户担心买错手机，在选择手机时犹豫不决，往往要花很长的时间。

有些客户对你服务的公司有偏见，或一直使用着友商的业务，但耳闻你们目前营销政策好、终端多，来探个虚实。

可选择的对策：

面对这类客户，销售顾问有责任帮助他们做出选择。

营业员要了解客户的需求，正在使用的业务情况，资费状况，话费结构，帮客户算账，选择适合他们的套餐。

对手机有需求的客户，营业员应先问清客户对手机的需求、功能，喜欢什么样的款式等，然后可以向他们推荐一两款能使他们满意的手机，一定要注意，推荐的手机款式不能太多。

很多营业员常犯的一个错误是不停地给客户介绍一款又一款手机，给客户提供越来越多的商品信息，会使客户眼花缭乱，更难做出决定。

第三种，随意浏览手机、看业务宣传单的客户。

营业员和销售经常会听到客户的回答"我只是随便看看"，向这种客户推销业务、手机是最难的。

他们可能是一个已决定要买某款手机的客户，也可能是一个犹豫不定的客户，他们并不要求营业员提供什么服务。在今天，这类客户越来越多。

当营业员面对"只是看看"的客户时，不要问他们"你想买什么手机？"而要热情友好地和他们打招呼，然后再随便找个话题。如：营业员可以问他们"这里有你感兴趣的手机吗？"或许这句话能刺激那些犹豫不决的客户产生购买欲望。

随意浏览的客户在进入店铺时，可能他们自己也不知道要买什么款式的手机。但是他们不会无故跑到手机店里来的，营业员不要不理睬那些"随便看看"的客户。营业员接待这类客户时，介绍一些让他们感兴趣的东西，使客户有宾至如归的感觉。

锦囊

1. **请记住**：在一个营业厅里受到欢迎的客户肯定会再次光顾的。今天只是随便看看，明天也许会购买手机、办理业务。

2. **请注意**：客户做出购买决定后，还不是销售过程的终点。因为客户在付款的过程中可能发生一些不愉快的事情。如选套餐时、选号时、交款时、包装时、送客时，营业员如有不周到之处，即会引起客户的不满，甚至发生取消购机的事情。因此营业员要自始至终保持诚恳、耐心的待客原则，直至将客户送别为止。

3. **服务和营销是相伴的**。服务做好了，就会让客户产生心理满足，服务带来营销的机会就会增多。

4. **提升客户价值**。力争与客户签订长期合作协议，特别是合约计划及融合业务、存费送费业务，都能延长客户的生命周期，无论进厅的哪种客户，我们都要进行宣传和推广。

你能嗅到客户动机吗?

所有做销售管理、想挣客户钱的人,都渴望客户产生购买行为,完成用钱交换商品的过程。不论客户性子急还是性子慢,买东西是瞬间的行为,还是日久天长的寻找过程,在购买前,客户都会有一个基本相似的思考和选择的过程,这就是客户购买动机的诞生。

意识 ➡ 需求 ➡ 动机 ➡ 行为

上面的简图告诉我们,客户首先要产生一种意识,之后才会有需求,有需求之后会形成一个强烈的动机,有动机才会有购买行为的产生。比方说一个漂亮的美女在街上逛,走着走着她觉得口渴了,这时候她的潜意识提醒她口很渴,之后她就会产生喝水的渴望,这种渴望就是需求,但有了需求后,她不一定马上就会急急忙忙地去买水喝。从模糊的需求变成一个具体的行为,客户需要确定一种明确的动机来引领自己产生行动,这时候这位美女有可能会产生三四种动机,她可能会想喝纯净水,但转念一想觉得没味;她也可能会想喝可乐、雪碧,转念一想觉得糖分太高;她还会转念一想,喝奶茶吧,突然又想到奶茶似乎已经被曝光,不利于健康;她还有可能在想,喝一杯热茶吧,可是大街上又没有卖热茶的,要进咖啡屋去喝茶,价格又太贵……短短的一刻钟,围绕着要喝什么,这位美女的念头中已经起起灭灭了数个动机,那么最后哪一个动机占了上风,而且这种动机被强化得越来越渴望的时候,动机就会支配客户去产生行动了。

客户有些动机是蓄意已久的,但有时候瞬间的一个契机和影响也有可能让他放弃一个长久的动机,使临时性的动机占了上风。

案例

科技路营业厅在今天10点多的时候来了一位客户,一位西装革履、气宇轩昂的中年人,模样长得还有点像周润发,挎着一个LV包,头发也梳得很有型。进厅就很自信从容地走到了终端销售区,一边随意浏览着,一边问营业员:"你们营业厅现在有零元购机,都是什么机型啊?"

销售员小史一边打量着这位大帅哥,一边暗自琢磨着想:"大鱼来了,这个客户可是一条大鱼,一看就是不差钱的主,弄不好我今天可以卖它一个高价位手机了。"

小史很热情地对客户说:"哎哟,这位先生,一看您就是一位成功人士,气度不凡,是做生意的吧?"

帅哥说:"一般啦,马马虎虎吧。"

　　小史说："我觉得最配您的一款手机当然是 iPhone 或是三星盖世 4，最衬您的气质，您现在用的是什么手机呢？"

　　帅哥说："一般的，我准备换一部，我那部手机也用很久了。"

　　小史说："那我觉得有一款手机特别适合您的气质，我给您试一下吧。"

　　说着小史就拿起 iPhone 终端，点开屏幕就给客户讲解起来了。

　　"先生，您看，iPhone 手机是世界最好的手机，功能强大、应用丰富、系统完美、创意无穷，只有人类想不到的，没有苹果做不到的。您一定经常出差吧，我给您演示两款软件。"

　　说着小史就给客户开始了演示，5 分钟后，客户对小史说："其实我用不上 iPhone 的，我平常很少上网，而且也不太出差，有没有其他型号的呢？"

　　小史一听，马上又拿过来三星 Nota2。

　　"哎呀，这一款也非常适合您啊，大家都叫它牛二，屏幕 5.5 寸，有些功能比 iPhone 都好，也非常衬托您这种时尚、潮流的人士。"客户没怎么说话，只是低头看了一眼价签，看着小史眉飞色舞又介绍起牛二，客户打断了说："这样吧，我还有点事，我先走了，需要的时候我再来，谢谢你。"

　　小史说："那好啊，先生能不能留个电话，需要的时候可以来找我啊。"

　　客户说："不用了，等我买的时候，我自己再来，好的，拜拜。"

小史目送客户出了营业厅，心里想有钱人就是不一样，这气质——老帅了，可是小史没有看到，这位帅哥走出去后，骑上了一辆陈旧的"电驴"，向右一拐，行驶了二三百米，停到了一个门面很小的卖手机的商店，在里面选了一部六七百块钱的国产手机，完成了他一次重大的购买行动。

故事讲到这儿，你看出小史在销售中的问题了吗？你能感觉到这位周润发型的帅哥，当时在小史面前，为什么没有出现最终的购买行为呢？这就是小史看到了需求，却没有嗅到客户的购买动机，而且深层次的购买动机被一个华丽的外表掩盖了。因购买动机不同划分为以下几种类型，主要有：

求廉型客户

求廉型客户一般我们总认为是收入低，没有钱的客户，但也有些客户并非是收入低！他们是多年来养成了节俭习惯，不愿多花钱，一旦超出心中的预算，就会有罪恶感。他们以节俭为荣，无论有钱没钱，一旦以低价格作为购买动机时，其他的因素都不足以打动他们。

求廉型客户会毫不介意说出自己的内心需求，他们常说能用就行，便宜就行了，我要性价比最好的，但也有些客户：自尊心强，想要最便宜的，可是打死也不会说。

求荣型客户

这类客户追求产品和业务带来的身份联想和内心尊贵感的获得。他们使用产品和业务有时更多是为了满足内心的一些面子和炫耀的心理。比如，有些客户使用 iPhone，并非为了喜欢这款强大智能手机的许多应用，而是因为身边有身份的人都用了，自己没用就不算成功人士。其实他们对电子数码产品没什么兴趣，甚至是典型的"高端手机，低端使用"的人，只是为了通话，甚至不上网，不玩微博、不使用手机邮箱。

求新型客户

没有求新型客户厂家也不会生产第一代，研制第二代，开发第三代，所有产品推陈出新越来越快，都是这种"喜新厌旧型"的客户衬托起来的，这些就是在新机型的手机购买中，最早"吃螃蟹的客户"。求新求异，领导时尚潮流，最早用上 4.0 英寸大屏幕的手机，当大家都用起来时，他马上用起了更大屏幕的手机，追求在朋友圈中的"潮人"人气。

求稳型客户

总有一些人生来谨慎，从不毛躁，他们即使有需求也不冲动，货比三家，精挑细选。不断了解，不断琢磨，一旦选定付诸行动时，已经是这个业务或终端的使用专家了。

求同型客户

有人永远喜欢混在大众中，不冒尖，不落伍，走中庸路线，求同型客户对于产品和业务的选择主要追随着别人，不喜欢自己创新或尝试，害怕因为自己选择而冒风险，容易受到从众心理的影响。大家使用后若是觉得好，坊间都说不错时，他们才会用。这种客户在社区和农村客户中很常见，属于邻里带动型；在商户集中区域，也会一传十、十传百。这种客户喜欢口传广告，一般不会自我接受业务宣传。

求趣型

这类客户生活中追求趣味，对新生事物有较高的敏感度，对能给自己带来快乐、新奇的业务充满兴趣。他们对自己精神上的享受看得比较重，喜欢捣鼓些玩意儿，包括电子产品爱好者，也许文化层次不高，收入也不高，工作也很平常，但会对智能手机有兴趣，千元智能机就最适合他们。

求美型

特别注重美的人，同时在产品中也会注重视觉的美观，喜欢用视觉衡量产品和设计，注重外观、颜色和款式甚于功能。这种客户以女性为主，也有充满艺术气质的男性，他们的生命中把美感视为非常重要的选择因素。这种客户在选择通信产品时，特别是终端，往往对外形设计更看重，讲究"眼缘"，外观若是不接受，功能再好、资费再低，都不予考虑。

求便型

对讨厌给自己带来麻烦，不愿意付出精力和时间去学习了解的客户，傻瓜型的东西对他们来说就是最好的东西。这种客户最讨厌让自己麻烦和费事的事物，尤其是通信产品，往往对诸多的资费套餐显得不耐烦，不愿算账，也不太愿意静下心来听解释；面对多种智能终端，既表现出有兴趣，但又不想花时间来好好了解。他们追求好用、顺手、方便，功能要是太多、操作若是复杂，便会失去耐心。和这种客户打交道，一定要单刀直入，直奔主题，拿最关键的话题吸引他，不要啰嗦，也不要解释得太细。

擦亮眼睛，
锁定你的 3G 目标

　　锁定 3G 目标客户，方能知己知彼，百战不殆。

　　互联网时代的到来，彻底颠覆了人类的生活，而 3G 智能手机又将传统生活带来了翻天覆地的变化，掀起了人类近 100 年来生活形态的质变。3 年来，3G 业务实现了大规模的发展，用户量也日益呈现"雪崩"效应，王牌店长在管理客户时，应该带着营业厅员工学会分析哪些是我们的标准 3G 用户，不同类别的 3G 用户又会使用哪些业务和软件。

案例一：

　　新华路营业厅地处一个厂矿小区，这一带原来有七八个国有企业，有些企业不景气，效益不好，有些职工已经买断或者下岗了。但是这一年来该店智能手机销售量还一直保持着很好的势头，进店的客户基本上都是老客户，原以为智能手机在这些传统的老矿区中没有什么市场，因为他们大部分都是大众客户，低端客户，但是经过不断的市场推广和引领大家使用 3G 业务，千元智能机在这个店是出货量最好的。

该店自己的营销定位就是不走时尚路线、不走新潮风格，主要打的是温馨牌和服务牌，在营业厅总是有各种温馨的服务举措，如便民箱、医药包、雨伞、老花镜等等，店里还专门设了一个服务区，有二维码墙和各种打着"终身免费"的服务营销主题，有免费下载、免费杀毒、免费清洗、免费终端咨询等等，这些举措对老客户来说，都有非常好的温暖感，维护了客户满意度和忠诚度。

案例二：

中华南大街地处市中心的闹市圈，也处在本市手机一条街上，所以来这里的客户基本上都是从城区东南西北方向赶来选终端的人，到周末的时候，甚至还有郊县的人也来了，来这里的人以时尚青年和白领为主，他们对手机机型了解非常清楚，购买决断力也很高，甚至不需要销售顾问和营业员多介绍，大致了解系统和参数后就会决定购买。所以中华南店结合这类客户群体比较多的特点，在门面设计、体验活动和营业厅布局方面就走时尚路线，连 POP 海报都画得非常的新潮，吸引眼球的功夫做得很足。

每当周末该店就会举行游戏 PK 大赛，能够吸引不少客户前来参与。

案例三：

安远店地处大学新城，周边都是一些年轻学生，他们对传统的语音通信都不是很感兴趣，而是把时尚游戏、听音乐、交友放在3G业务前列。安远店结合营业厅特定群体的需求，经常会举办一些适合青年学子的活动，比方说微信传情，"今天你脱光了吗？"当然情人节是他们最容易制造出亮点的一个节日。相反，春节、端午节、重阳节这样适合家庭和老人的节日，年轻人反而不感兴趣。每当校园迎新，就是安远店最忙碌的了。

案例四：

深远店地处商务中心，就在深远大厦的一层，这是一个商务楼宇集聚地，有许多国内、国际大牌公司驻扎在这里，也有一些500强企业，在这个营业厅出没的人，基本上都是高端人士，要么海归，要么自主创业者，收入和年薪都很高，品位也很高，大部分人学历也很高，因此对新生事物的了解、时尚的捕捉、衬托身份的需求都非常强烈，他们中有许多真正的"果粉"，说起系统和软件来像比赛似的不甘落后。

锦 囊

3G客户大致可以划分为4类：青年族群、年轻白领、商务人士和社会大众。

青年族群:

他们是时尚创造者,其中以在校的大中专学生为主,也有一些很年轻但就开始打工的人群,学生群体处于时尚链的前端,他们的消费对整个市场有着强大标杆和推动作用。这一点在日韩的 3G 发展上也有所体现。3G 业务产品在日韩年轻群体中的风靡,强力地支撑了整个 3G 业务的发展。

客户特征:追求娱乐

他们的消费特征主要是追求娱乐,这些人对娱乐的需求都显著高于其他人群。学生和刚踏入社会的年轻人对交友聊天、音乐下载、视频下载、游戏等需求很大,而这一群体对股票交易、航班信息、时事新闻、彩票投注、财经资讯等生活、理财类信息的需求明显低于平均水平。学生群体对于增值业务的需求取向体现了学生群体的生活重点以及增值服务对其的价值。

城市白领

是时尚的积极推动者。他们相对来说文化程度高,对事物的理解速度快,因此对 3G 业务的发展也将起到重要的作用,他们注重效率,开始理财,保持交际,对学习和补充知识也有极大的渴望,对他们来说,3G 业务的实用性要比青年学生更广泛。

客户特征：这些人是以工作为导向的，年轻白领群体对于各项服务的需求基本属于中间水平，属于一个中间市场，既具备可争取、扩大的潜质，又有不稳定性。白领群体与总体平均相比更关注定位服务、个人信息管理等服务；对理财和游戏娱乐类比较淡漠。这也很大程度上与白领的生活状态相关，他们刚刚立足于社会，工作繁忙，投入娱乐和理财的时间和精力较少。年轻白领中，拥有摇摆型价值观的比例较其他群体最高，因此强调产品的社会流行性将对他们产生一定影响。

商务人士

他们是各行各业的成功人士，35 岁以上。有一定的社会地位，有一定的权力和财力。他们相对来说要么文化程度高，要么社会地位显赫，要么属于爆发后多金的人，对商务的需求高，因此对 3G 业务的发展也将起到重要的作用。

客户特征：商务导向，这个群体相对来说事业有一定基础，因此他们对于与自己业务相关的服务需求较高，如商务助理、时事新闻、航班信息等。但总体来说，这一市场对于游戏娱乐类兴趣远低于平均水平。这一群体中，有些客户是持传统型价值观者，他们虽较难接受新鲜事物，但对已使用产品忠诚度高。对该群体，应更多考虑如何促使他们认识 3G 给商务带来的便利，从而更大程度地满足其在该方面的需求。

社会大众

社会大众处于时尚链的下游，属于时尚追随者。但其基数庞大，细分市场的规模最大。

客户特点：社会大众是对 3G 业务态度最积极的细分市场。除对财经资讯、定位服务和生活信息的需求略低于平均水平外，对其他业务的需求均高于平均水平。另外，这一群体对 3G 业务服务的需求相对学生群体呈现多元化，即他们高需求的产品涉及时事新闻、幽默笑话、天气预报、聊天交友、智力测试、个人助理等，不像学生群体主要集中在娱乐游戏类。由此可见，3G 业务在多个方面可以满足社会大众的需求。

你的店员能否真正深度
接触客户呢？

客户进店以后，在卖场氛围的作用下，在我们有意设计的接触点的吸引下，客户会自觉不自觉地靠近我们想让他靠近的柜台，这个时候，客户的进店率有了，但是能否实现真正的靠柜率取决于我们的销售团队能否真正地实现、解决与客户深度接触率。作为店长你在销售管理中，要经常观察销售顾问是真接触，还是假接触，假接触的特点是：貌似在跟客户打招呼，也跟客户在交流，但是没有达到真正接触的时效；而真接触就可以真正撬动客户的内心和思维，提升客户停留的价值和停留的目的。

案例一：

张先生本是卫生局的一名普通干部，一部诺基亚手机已经用了四五年了，平常话费也不高，主要打打电话，但这两年张先生开始喜欢上网看书、看新闻，也玩一玩简单的游戏。儿子去年考上大学到北京读书了，张先生在家空闲时间也越来越多，周末偶尔父子俩打打电话，交流一下，昨天晚上儿子在电话中在聊着学校学习和生活的时候，话锋一转，建议爸爸换一款 3G 智能手机，说他在北京用的就是一款合约智能终端，以后跟爸爸聊天就可以用微信、QQ 等方式进行了，非常方便。所以建议张先生到营业厅来转一下，并且建议他选择千元智能机，不论中兴还是华为的都很适合爸爸。

张先生是一个非常理智的人，平常对新生事物接触得比较慢，喜欢遵循习惯用老产品，但是对儿子的话从来都是言听计从，因此今天一大早，就揣上 1000 多块钱的现金，专门来到了营业厅，并且把身份证也带好了，想着能买就买。

张先生一进营业厅，销售柜台的营业员小妹就迎了上去，热情地招呼张先生，张先生是一个性子慢热的人，脸上毫无表情地围着柜台随意浏览，刚走到 iPhone 终端展台，小妹就说："这是全球最好的终端 iPhone，您一定听说过，用我们的网速配上 iPhone，那就是绝配。"张先生只是"嗯"了一声，继续往前走。销售小妹又顺着张先生的眼睛看到了 HTC 手机，小妹热切地说："这一款是双模手机，双卡双待非常方便。"张先生说："谢谢。"再次礼貌地回复，继续漫无目的地浏览，销售小妹接着说这一款三星 Nota2，是屏幕最大的一款手机，平时还可以当平板电脑用，您试试吧。张先生看看 Nota2 的价签，还是回绝了。"我再看看吧。"小妹继续说："在营业厅买手机，都可以实现零元购机，比你在其他大商场购买都划算，每个月还给你返话费呢。"张先生在营业厅又继续走了两圈，销售小妹还是不断地跟着他，跟着张先生走来走去，性格本来就内向的张先生，面对琳琅满目，从来没用过的手机终端，一时不知道说什么好，内心深处一种强烈的念头：哎，我太落伍了，这个智能手机也不是我这种中老年人用的，要不然回去问我儿子，多了解情况再说吧。

张先生最后有点无奈地离开了营业厅……

案例二：

今天周末凤霞路营业厅在中兴广场组织路演，营业厅 8 个人做了分工，6 个营业员分散站在马路的不同位置，迎接着不同方向行走的顾客。两个营业员在销售现场的中心负责给客户体验办理业务。店长王婉则负责控场和对整个销售进程进行把握，同时应对突发事件。

从早上 9：30 开始，街上的行人陆陆续续增多了，但是直到 10 点，居然 6 个销售都没有把一个客户从马路边带到销售现场，王婉心生疑惑，今天风和日丽，而且我们销售现场布置得也很好，各位销售员站的位置也离营业厅不远，最多也就是三四十米，为什么带不来客户呢？

带着疑惑，王婉随机走到两个销售的附近，观察他们接近客户的方法和技巧。只见到销售小 A 拿着 3G 的业务宣传单，见到一个行人过来，马上走过去说："先生，您好，我们营业厅今天在做活动，有没有兴趣看一下。"之后就要把业务宣传单递给客户，客户是一位年轻男子，瞥了一眼小 A 说："不需要。"步伐都没有停，继续往前走，小 A 站在原地，看了一眼客户的背影，什么也没说，之后把头又扭向同一方向来的客户。这时小 A 看到了一位中年妇女，马上迎上去，又热情地说："大姐，我们营业厅正在搞手机零元购的活动，要不要了解一下呀？"这位女士放慢了脚步拒绝道："不需要，没兴趣。"小 A 只是说："了解一下嘛，买不买没关系。"客户摇摇头，为了强化她不买的决心，用力地摆了摆手。

紧接着店长王婉走向销售小 B，看到小 B 也正在卖力地拦截着客户，每当客户走过来的时候，他选择的方式是不说话，而是把业务宣传单塞给客户，就如同在大街上，我们经常看到的派发销售单页的业务员一样，有些客户会接过小 B 手中的业务宣传单，有些客户坚决不接，王婉又看到有些客户即使接了，走了几步以后，团一团就扔到了马路旁边的垃圾桶里。

这时，王婉又走到马路对面去观察小 C，小 C 是一个性格外向，平常就非常热情的小伙子，他今天自己备了一个耳麦，站到了一个台子上，高声叫嚷："走一走，瞧一瞧；走一走、瞧一瞧，手机大派送，零元手机，什么款式都有，机不可失，时不再来，大家了解一下，一定会让你有意外的惊喜。"王婉看着小 C，满头大汗在吆喝着，心里一边被这个小伙子的热情感动，一边在想，怎么所有的人面对小 C 都不停步，而且还有一些人皱着眉现出一份厌倦的样子。

凤霞路店长王婉做过很多次现场促销，今天仔细跟进每一个员工之后，王婉陷入了深深的思索中：如何才能有效接近客户，实现真正的接触呢？

匹配客户才能钓住客户。

喜欢钓鱼的人都明白，在钓鱼的时候，我们要想钓到上钩的鱼儿，是要抓住最好的时机，因为鱼儿还没有上钩，我们早早收竿，就会把鱼吓跑，而等鱼把诱饵吃光了再收竿，鱼儿也都跑掉了。同理，我们营业厅有琳琅满目的商品和精细陈列的展架，这些对客人来说都是美味的、诱人的鱼饵，而我们店里的客人就像游来游去的鱼儿，当看到我们这些香喷喷的诱饵时，都会过来，有的随手翻看，有的准备询问，也有引起购买兴趣的。

这个时候我们的导购就要让鱼儿上钩恰到好处地收起钓竿，收得太早会把客人吓跑，如同第一个案例；不敢接近，不能深度靠近客户，又收得太晚。

锦囊一：

询问需求，接近客户的时候，若是直接叫卖产品，很容易把客户吓跑，而客户在进厅，热情招呼之后，我们应该给客户适当的时间，让他随意浏览。留意客户的肢体语言，询问客户的需求：

> 您好，您是想看哪一款终端，需不需要我给您介绍一下。
>
> 您好，先生。您今天是要看终端，还是要了解我们其他业务呢？
>
> 先生，您平常手机除了打电话，还上网吗？
>
> 请注意：
>
> 与客户的距离不少于1米。
>
> 不要一直关注客户，尤其不能紧盯客户，要以自然放松的状态让客户活动，但需要留意客户的需求和动作。
>
> 切勿不要两个以上的销售人员同时上前紧跟着一个客户，以免给客户过大的压力。（除非客户形迹可疑）
>
> 对话语不多的客户，更需要通过设计发问，来让他们张嘴。

锦囊二：制造空间

当客户说出明确的需求时，那自然最好，我们针对需求推荐就可以了。如果客户说随便看看，或者不予回应，那我们就可以说：好的，您随意看，有什么需要请叫我，非常乐意为您服务。

同时，我们要与客户保持一定的距离，使客户有足够的私人空间，尽量暂时不要打扰他，但要用眼睛余光注视客户，一旦客户需要帮助，我们即可以主动上前提供服务。一般下列情况是客户有需求的时机：

> 客户与销售视线相遇的时间。
>
> 客户目光专注于某一个货品之时。
>
> 客户表现出寻找导购或商品时。
>
> 顾客表现出询问的语言或动作时。
>
> 顾客翻看价签时。
>
> 顾客询问品牌等信息时。
>
> 顾客随意摆弄手机猛抬头时。
>
> 顾客将已购大宗商品或纸袋放地下时（抱小孩的顾客将小孩放下时）。
>
> 顾客手触某一商品时（区别于随意翻看货品）。
>
> 顾客拿取或体验手机时。
>
> 顾客翻看画册、海报、POP 等时。
>
> 顾客与同伴讨论产品时。

锦囊三：

接近客户时，如果是步履匆匆在营业厅行走的客户，或者是在街上路演时，如非我们产品目标客户时，那么设计接近开场，接触客户的方式时就更加要注意了。我们经常看到这种假接触现象，就是在案例二中出现，貌似跟客户说话，也告诉客户有活动，甚至把单张也递给客户，一旦客户拒绝，销售就做烂了。这个时候应该怎么办呢？

首先我们要明白客户抗拒销售是非常正常的，因为在他没有预期的情况下突然出现推销，从本能的角度看，他也会拒绝；在商品社会下，客户害怕被骗，也会本能地拒绝，因此，在销售初期客户拒绝营销，是非常正常的。但据市场调研，销售初期客户的拒绝，往往80%都属于态度式，并非事实型的，而态度型的意义就是在客户不了解的情况下，本能的一种态度。事实型意义往往是客户在了解产品之后出现，比方说网速慢，价格太贵了，换号不方便，一对比我们就会发现，态度式的意义，更多的是情绪上的。

因此，我们在接近客户的时候，一定要让客户放下盔甲，放下内心的戒备，让他以比较自信和宽松的姿态来面对我们，这样接触客户就非常重要了。

当客户抗拒销售的时候说：不需要、骗人吧、我没兴趣或者是我没时间，很多销售就没词了，那是因为你做的准备不足以对付客户，其实你稍微认真一点，跟进客户多讲几句，给客户把这些话说完，客户的态度就有可能转变。

当客户说不需要时，我们可以说：不需要没关系，你先了解一下，等一旦需要的时候，就能够知道，还有这么好的业务等着你使用呢。

当客户说没兴趣时，我们可以这样说：一开始不了解的时候，有些客户也跟您一样觉得没什么意思，没兴趣，但是他们用了以后都觉得非常好，您给我2分钟时间，再来决定看有没有兴趣，又不耽误您的事，您看这样好吗？

当客户说没时间时，我们可以这样说：这用不了您2分钟，您听完以后使用家庭通信业务不仅能给您省时间，而且还会给您省钱呢，了解一下一定会给您带来价值。

再次铭记销售不是靠天吃饭，而是靠自己吃饭。

燃烧自己，发出足够的热量，让客户来汲取。

终端销售，你懂吗？

营业厅销售能力能否真正提升，关键的因素还是营业员和销售顾问的个人销售能力。在客户进厅以后，能否留住客户，实现销售，完成交易，和销售者本人有很大的关系。一个优秀的店长还应该是一个非常好的培训师，面对新员工不断地进岗，老员工不断地需要，新的业务不断地提升，店长往往需要充当培训师的角色。

　　店长姜珍在最近员工业务能力的考核中发现，自己店的员工因为大部分都是女孩子，在卖终端的时候，把套餐和合约计划都可以说得很清楚，但是对终端的性能、参数、软件、系统都不能掌握全面。虽然也经过了很多次的业务培训，她们还是很难全面掌握。尤其是有一个年龄偏大的张姐，自己本身对 3G 智能手机都不太感兴趣，虽然用着一款国产品牌的 3G 智能手机，但是很少用一些软件，连在淘宝给孩子买衣服还让别的员工帮忙。

　　姜珍备了两天课以后，自己理出了一些关于智能终端如何销售的框架，决定今天用一刻钟的时间，利用客流量不大的时段，召集销售岗位员工在体验台现场开始了培训。

　　姜珍拿起一款手机问大家："当客户靠近柜台，对一款终端表现出兴趣的时候，你会从哪几个方面来介绍这款终端呢？"

　　店员 A 说："告诉他这款终端多少钱，合约计划是什么，再问他大概每个月会使用多少话费，语音多还是流量多，然后帮助客户选一款适合他的套餐。"

　　姜珍点着头说："不错，这样的说法是没错的，那么，还有呢？"

店员B说："告诉他这款手机屏幕大，是触屏的，现在购买营业厅有活动，还免费贴膜，给他送手机饰链。"

紧接着店员C说："我一般喜欢给客户介绍这是什么系统，告诉他网速快，不卡机，玩游戏、看电影都很爽。"

店员D说："我最喜欢给客户演示软件，如果是女的，我就给她演示美图秀秀，如果是男的，我就会给他演示导航和地图。"

紧接着大家七嘴八舌地开始分享平常卖终端的心得和经验。姜珍听了一会儿，对大家给予了肯定，紧接着让大家安静下来。姜珍说道："大家刚才说的都不错，说明我们已经都成长为会卖终端的行家里手了。我今天用15分钟的时间给大家培训卖终端要从哪几个方面来进行，也许针对某一个特定客户，不一定能用这么全面，但是作为销售，我们内心自己要构建起这样的手机销售框架和模式。"

看到大家认真地在听，并且拿出笔记本在记，姜珍就开始进入正题。

"一般来说，从4个方面来介绍终端。初期客户首先用眼睛在看这款手机，那么我们就要围绕品牌、尺寸、屏幕、颜色、电池、重量等要素进行介绍。要准确地说出品牌特点，即使是国产手机也应该告诉客户这是国产手机，我们也可以说这是国内知名品牌，特别受客户欢迎和认同，您看这一款中兴的手机，连我们自己都在用呢；如果是国际大牌，大家用一两句画龙点睛的话那就更好了。提到尺寸的时候大家可以讲这是最符合亚洲人手型设计的，如果是小一点，我们就说携带方便；如果是超大屏幕，我

147

们就说不伤眼睛，看着方便，平常还可以当平板电脑用。"

大家听到这里，都笑了起来说："店长，这就是你以前告诉我们的优秀销售是把什么东西都能卖出去的一种能力吧？"

姜珍说："是的，世上没有完美的产品，但是我们要尽量影响客户的选择和购买。在第一部分的介绍中，我们还可以介绍一下电池、待机时间，这也是客户比较喜欢的要素。"

接着姜珍强调说："我们现在开始进入第二步，要给客户讲解一些重要参数，如像素、内存、制式，以及是否支持Wi-Fi。像素对于爱拍照的人来说，意味着已经将手机当成照相机了，在像素介绍中可以提到一些手机的关键特征，比如：双像头、可以自拍、有夜间模式、可以防抖等，要介绍得生动、有吸引力，如果看到客户有兴趣，跃跃欲试，还可以替客户拍个照片，再用美图秀秀PS一下，一定会吸引爱美的、比较自恋的客户。"

店员们接着问："那有些客户对Wi-Fi没有常识和经验，我们要不要提终端可以支持Wi-Fi呢？"

姜珍说："对于已经使用过3G手机的人来说，他们非常清楚Wi-Fi的重要性，这使他们能在办公室或在家时不必用流量，是能够省钱的重要途径。没有用过3G手机，或者是高语音、低流量的客户，往往对Wi-Fi不敏感，但我们也可以做一些简单的提醒，会增加他使用套餐的安心感。"

店员问："那么像双核、四核这样的参数，客户能不能真正明白呢？"

姜珍回答道："不要在具体参数上纠缠，只需滑过去告诉客户，上网速度快，用的是最先进的支持系统的一种技术就可以了。"姜珍接着说："接下来，我们现在进入第三步，可以给客户介绍一下这个系统和相关软件的伟大和美妙。"

姜珍问大家："现在常见的手机系统有哪几种？"

A 店员回答："主要有 IOS 系统、安卓系统、黑莓系统、WM 系统，还有国产的小米系统等。最常用的就是苹果的和安卓的。"

姜珍说："回答得很好，但大家给客户讲解的时候，不要在系统上停留太久，只需告诉客户，这个系统很先进、很知名，之后就要给客户讲解这个系统可以搭载许多软件，能让他生活更有趣，工作更方便，商务出行更简单，人际沟通更容易。请注意在介绍软件的时候，不要支离破碎，先概括一下，之后问客户对哪些软件感兴趣，是预知类、生活类，还是购物类，大概询问后，给客户有针对性地演示几款他感兴趣的软件。"

看着大家频频点头，姜珍又回到主题说："最后一步，在客户对某款机型有兴趣的时候，就应该给他介绍合约套餐中每月给他返还的费用，让客户明白零元购机的好处，以及能够给客户带来的利益和好处。如果客户在不同的终端和不同的套餐中犹豫不定的时候，我们要以顾问专家式的角度帮着客户进行选择。"

讲到这里，B 店员问："店长，那么销售到这一步的时候，我们特别担心的就是当客户进入选号环节，如果没有合适的号码，他们最终也不会购买，我们经常这样白白地辛苦了。"

姜珍说："是的，终端销售的每一个过程都像跳水运动员一样，要有一套完美的规范动作，最后才能保证平稳地进入水池中。客户选号和最后办理这个环节，也不可以掉以轻心，在号码不能确定的情况下，我们有几个步骤可以帮着客户：第一，把大量的号源提供给他，让他自己进行选择；第二，如果客户遇到 4 和 7 这样的号码不想要的时候，我们要学会说服，比方说 4 在中国也是一个很吉祥的数字，四季发达、四面来风、四季发财，而 7 现在恰恰是大家都喜欢的数字呢。这方面你们平常要做好处理的准备，内心要有台词和对比，不要被客户问住了。"

讲到这儿，姜珍问大家："今天都听明白了吗？"见大家纷纷点头，只有张姐一副茫然的样子，她就对大家说："好了，大家先各忙各的，我跟张姐说点事。"姜珍把张姐留下来，拿起一款台面上的热门终端，开始给张姐一对一地做起了辅导……

锦囊

1. 做好销售首先要熟知自己的产品，了解产品能给客户带来什么样的价值。首先，我们知道 3G 改变了人类的生活。

第一，3G手机已经不是一个单纯的手机了，它是集PC机、照相机、录像机、游戏机、MP4、收音机等合为一体的。

第二，拥有智能手机，意味着拥有了全世界最大的书库，各种工具书，是随时可以在线进行学习的老师。

第三，携带着智能手机意味着也拿上了一个交友圈、社交圈、朋友圈，既可以把老朋友携带在身边，分享了解他们的动态，也可以结识新朋友，关注、分享他们的人生感受。

第四，更重要的是拿上3G智能手机，意味着你带上了一个工作助手、生活帮手和商务伙伴，可以让你工作更方便，商务出行更简单，生活料理更智慧，人生感受更有趣。

全面了解3G带来的什么，销售顾问才能全面地构建起对智能手机的认识，才能够相信自己所销售的产品，能够给客户带来巨大的价值，这样才会更好地为客户提供顾问式的帮助。

2. 3G具有很强的优势，无论是终端的丰富性，合约套餐的合理性，选择的多样性，以及我们最熟悉的多、快、好、省、广的特性和属性，都能够使我们在销售终端过程中有了很多的武器和炸药。但要注意，销售中往往卖点越多，能给客户带来的利益越多，就越容易进入销售的一种误区：一种是喋喋不休的说业务的好处，一种是抓住某个点片面介绍。所以销售要构架起一个终端销售框架和思路，在这个框架中有选择地进行销售话术的推进。

如何创造客户?

　　现代管理之父，彼德·德鲁克曾经说过，对企业而言，创造顾客比创造利润更重要。这个观点一针见血地指出，创造顾客的重要性，不管是企业还是销售人员，如果我们只是一味地创造利润，而忽视客户在购买后的后续价值，那这个利润迟早会变成成本，最终无可挽回，因为满意的客户是我们最大的资产，是我们最棒的宣传员，大家都知道服务行业中的一个数字，就是一个满意的客户至少给我们可以带来 6 个潜在的客户。因为只要客户满意了，他就会给我们当业务广告宣传员，当然如果我们没有让客户满意，得罪了客户，那损失也是非常大的。

　　有一条著名的"250 定律"——在每一位顾客的背后，都大约站着 250 人，这是与他们关系比较亲近的人：同事、邻居、亲戚、朋友。同样，在每位顾客的背后都有许多潜在的顾客，他们都在看着我们对最前面的那位顾客的言谈举止，从中来决定自己的消费主张。

　　在客户服务和维系中，有两个最重要的标准：一，提升客户的满意和感知；二，获得因维系而带来的客户长远价值的提升。在服务中使满意的客户实现再次购买，或能够带来更多的亲朋好友，形成以老带新的销售局面，这就要求我们营业厅不仅要做好售中服务，还要做好售后服务，以及下一次循环销售的售前服务。

客户维系中要实现目标客户的分析与把握，若能实现数据化维系与服务，那就更棒了。目前营业厅的转型，正在朝着更深化的方向进行。因此，对客户数据的挖掘，信息的使用，以及非常到位的目标客户的服务与维系，都是能够不断循环我们"客户漏斗"，并实现更多销售机会。

案 例

我们来看一下有关乔·吉拉德的资料，他是世界上最伟大的推销员，曾经连续 12 年每天平均销售 6 辆车，至今无人能破这个吉尼斯世界销售第一的纪录，他有一个著名的"250 定律"，他确信在每一个客户身后，大体有 250 名亲朋好友，如果你赢得了一个顾客的好感，意味着你赢得了 250 个人的好感。那么在乔·吉拉德销售过程中，最让我们震撼的就是他收集和使用客户信息的能力。吉拉德中肯地指出："不论你推销的是什么东西，如果你想把东西卖给顾客，你就应该尽自己的力量去搜集他与你生意有关的信息。如果你每天肯花一点时间来了解自己的顾客，早做准备，铺平道路，那么，你就不愁没有自己的顾客。"

在刚开始工作时，吉拉德把搜集到的顾客资料写在纸上，并塞进抽屉里，后来，有几次因为缺乏整理而忘记追踪某一位准顾客，他开始意识到自己动手建立顾客档案的重要性。他去文具店买了日记本和一个小小的卡片档案夹，把原来写在纸片上的资料全部做成记录，建立起了自己的顾客档案的吉拉德认为，推销员应该像一台机器，具有录音机和电脑的功能，在和顾客交往过程中，将顾客所说的有用信息都记录下来，从中把握一些有价值的资料。

吉拉德说："在建立自己的卡片档案时，你要记下有关顾客和潜在顾客的所有资料，他们的孩子、嗜好、学历、职务、成就、旅行过的地方、年龄、文化背景及其他任何与他们有关的信息，这些都是有用的推销情报。所有这些资料都可以帮助你接近顾客，使你能够有效地跟顾客讨论问题，谈论他们自己感兴趣的话题，有了这些资料，你就会知道他们喜欢什么、不喜欢什么，你可以让他们高谈阔论、兴高采烈、手舞足蹈……只要你有办法使顾客心情舒畅，他们就不会让你大失所望。"

吉拉德有一句名言："我相信推销活动真正的开始在成交之后，而不是之前。"推销是一个连续的过程，成交既是本次推销活动的结束，又是下次推销活动的开始。推销员在成交之后，要继续关心顾客，这也将会既赢得老顾客，又能吸引新顾客，最终使自己的生意越做越大，顾客越来越多。

"成交之后仍要继续推销"这种观念使得吉拉德把成交看做是推销的开始。吉拉德在和自己的顾客成交之后，并不是把他们置于脑后，而是继续关心他们，并以恰当的方式表现出来。

吉拉德每月要给他1万多名顾客寄去一张贺卡。1月祝贺新年，2月纪念华盛顿诞辰日，3月祝贺盛大圣帕特里克日……凡是在他那里买过汽车的人，都会收到吉拉德的贺卡，因此他们也就记住了吉拉德。

锦囊

锦囊一：

建立客户档案，要想个性化地对客户进行服务和维系，就要建立起完整的可识别的顾客档案，在我们营业厅的客户系统中，有客户基本信息，如姓名、性别、生日（身份证）可以看到使用的终端、套餐，身份证归属地、选择的合约终端及套餐等基本信息，那么这些基本信息可以给我们提供一些客户大致的基本信息。但这些基本信息还只是我们了解客户信息的一些基础，顶多可以运用到终端使用情况的了解，流量和语音消费结构水平以及客户合约什么时间到期，同样也大致能够看到客户是否使用了宽带，是 2G 还是 3G 手机。除了以上这些基本信息以外，我们还应该深度地了解一些客户的个性化档案，如行业、爱好、兴趣、家庭情况、子女、家庭通信等，这些信息需要我们在跟客户交流和服务中，特别是在 3G 终端的销售中，自然而然是可以问出来的。

但请注意，在询问客户信息的时候，一定要带着关切的态度、提供给客户帮助的口吻和心理来进行，切不可像包打探、警察做调查的方式来询问。

如"您是从事什么工作的？"这样的问法就显得有审视客户的嫌疑，客户自然也不愿意配合来回答，换一种方法，你可以这样问："您是从事什么工作的？看我们营业厅有哪些业务可以帮助您，让您的工作更方便，办公更顺手。"这样的询问客户就能感觉到你的好意，是一个愿意给他帮助的顾问形象。

又比如"您平常都有什么爱好啊？"这样的发问，客户也会有一点排斥，换一种方式："您平常有什么爱好吗？我们智能手机有很多软件，都能满足您的爱好，并可以让您的爱好在实现的过程中更有趣，更省钱……"这样的询问信息量就比较大。不仅询问了，还传递了更多的关心和爱护。

在营业厅客户信息的管理中，我们发现询问客户的信息不难，但是我们营业员却缺乏当下或事后记录的习惯，问完之后客户转身走了，我们营业员也并没有养成习惯，快速把询问到的一些客户信息，及时有效地填到本子上（若有可能，填到客户系统中的资料中去），也因此问完就完了，等下次客户办理业务的时候，也许已经换了销售，自然客户信息就不能实现共享了。而当我们另外一个的营业员或销售再询问起客户的爱好、工作、家庭、通信使用情况时，客户感知反而会不好了，因为我们没有做到客户资源和信息共享。

锦囊二：

定期联络，留住客户的心。每个区域的客户群体都是相对固定的，所以你们店如果想要一直保持优良的业绩，想在一个地区长久的发展，就要记住我们不能只做一次买卖，一次生意，而要做一辈子的生意，要将客户的生命周期一直延长下去，用我们最忠诚、热情的服务，换得客户满意而忠诚的回报。只要我们营业厅在，就能够让客户一直在我们这儿实现消费和购买，所以客户购买和办理业务后，我们应该建立回访制度。有一个厅就执行着"333客户忠诚计划"：在客户购买商品后，3天回访，询问终端使用和软件下载；然后3周后再次确认客户的满意度，并且告知客户营业厅正在进行的促销活动和老客户回访活动，告诉客户有免费软件下载，免费杀毒，免费终端指导使用；3个月回访以后，提醒并再次问客户，不断地和客户保持良好的沟通和联络，与客户的关系维系得越来越牢固，有些老客户自觉地就带着一些新客户来到这个营业厅，办理业务。

心理学有一种人际交往中的定律叫互惠心理，即你对一个人的好，一个人的关心超出他所期许的范围之后，他就会觉得亏欠你，进而产生行为回报。比方说你请一般熟的朋友吃一顿大餐，而你又无求于他，顿然间这位朋友就会觉得欠了你一份人情，他如果不回请你一顿饭，或者用其他的事或礼物来弥补的话，随着时间的推移他会觉得亏欠你的越来越多。

此外回访的方式还有很多，不仅是电话，也可以通过短信群发或个性化发，一些关键的客户我们可以在他生日的时候，发送一些温馨的祝福，而对大量在营业厅办理业务的客户，我们可以通过短信平台，设计一些短信回访方式，比方说在天气不好的时候，发一些提醒安全的信息；

在秋天干燥的时候，发一些养生和防燥短信；在一些特殊的喜庆团圆的日子里，可以发一些祝福短信，总之客户维系要有步骤、有计划。

锦囊三：

我还可以设计一些提高老客户回头率的活动，比如一些游戏软件的 PK 大赛、邀约客户进店赠积分活动、新品上市活动、店庆活动，邀约客户分时段、分日期进店。随着客户到店的几率增大，尽可能延长客户在店的停留时间，尽量让客户多体验、多下载、多选择、多交流，既可以增加营业厅的人气，也可以实现销售之后的客户维系。

正所谓钓鱼不如养鱼，持续扩大中层客户的基数，是每个营业厅都应该做的事情，在市场这块大蛋糕上，其实并不缺乏你的潜在客户和现实客户，关键是谁去做了，谁先做了，谁做到什么程度了。

如何培养销售高手

业绩做得好的营业厅，在基本的硬件货品有保证的基础上，店长一定是在人员管理上投入精力比较多，不断辅导和激励员工成长。销售团队中的每个员工处于什么样的状态，拿出什么样的行为？做什么样的服务？店长们有没有留住大家的心，有没有激励他们更好地投入工作，有没有好好地人尽其才，人尽其能，把每个人的特长和潜能都发挥起来？

营业厅管理谁为大？人为大。

虽然做生意确实也有运气和客观环境等诸多因素，但总体来说，如果我们还没有重视人员的管理，还没有把人的管理、人的效能的增大放在营业厅管理的第一环，那你们店的业绩恐怕很难有所提升。

店长的管理理念如何，使用员工的能力如何，对年轻员工潜能的挖掘如何……这些往往都是影响你业绩的根源，也是最难掌控和最隐性的主观因素，而货品、动线、摆放、陈列等其他因素都是可以经过客观调整的，我们先来看一个数据：

市场调查表明，消费者在到达终端店铺前，就计划好购买何种商品的消费者仅占30%，而70%的消费者是在终端店铺决定购买何种商品和购买数量的。而且在已有购买计划的消费者中，又有

13.4% 的人会因为某种因素的变化，而更改原来的购买计划，所以说终端的环境、人、物都可以影响甚至改变客户的购买意愿。感性的因素往往会战胜理性的因素，那么谁在影响我们的购物呢？答案就是终端的销售和导购。

所以在营业厅经营中，你所有的努力和付出，你所有的创意和营销活动，你每天做的培训和现场管理，你做的员工督导，甚至投诉技巧的传递等等，最后这些都是由员工呈现给客户的，客户不一定能看到你店长，但是他一定能看到员工，所以作为店长，一定要重视自己的每一位员工，不断对他们进行辅导，与之沟通。

案 例

店长何伟在做营业员的时候，营业工作和销售工作都做得好，只要是他亲自服务的客户成交率都很高，即使客户不满，也会对他的印象很好。大家送给他一个外号，就叫"销售杀手"，意味着没有他搞不定的任务，可见员工骨子里对他的敬仰之情是不言而喻的。

何伟的性格是非常要强的，平常自我感觉好，这一次市里的营业厅做调整，何伟竞聘到了长江路做店长，因为他总拿自己的标准去要求店员，所以在他的眼中，营业厅6个员工，没有一个是他满意的，每个人都是不合格的。每天在巡视的时候，看着这些营业员在营业服务岗和销售岗，以及体验区、导购区忙碌，他都发现很多让他不满意的状态。每周看销售报表更是很失望，所以时不时对员工说话就锋利了一些，指责和苛责就多一些，慢慢的只要他在，员工们就有一种心理压力，销售工作也做得越来越不得心应手，久而久之店里的销售业绩大半靠他支撑。

我们经常看到有些店长由于自己比较优秀，在评价其他员工的时候总是恨铁不成钢，其实可以扪心回想一下，我们刚刚入道开始做销售的时候，其实也没有套路，也内心恐慌。成长过程都是通过一点点累积来完成的，不是吗？任何经验的获得都需要时间和磨炼，再者如果现在员工们都和你一样优秀了，那你还能当店长吗？之所以让你当店长，就是要你成为大家的团队领袖，带领大家一起进步。

何伟想明白了以后，决定改变团队引领方法，开始静下心来琢磨团队中每个人的特点，首先他制订了营销高手的培养方案，选择了两个比较有潜质的销售作为苗子，重点培养。虽然他们俩一个是初级销售顾问，一个是中级销售顾问，可是实战经验和销售状态还是有待提高的。他给初级销售顾问小 A 制订的计划是：小 A 属于能力强，但是情绪不稳定型的人。当业绩做得好、同伴认同、客户表扬时，小 A 的工作积极性就非常高，有时候也可以一天中做到顶端水平，但是由于正处在二十一二岁的情绪波动期，加之小 A 自视挺高，恃才傲物，不愿意跟大家分享他的销售经验；小 A 也属于一个应变型的人，何伟也发现，小 A 在销售时会结合不同客户特点的类型，说出很多让你不得不惊叹的一些话术，可是每当团队分享有效话术经验时，小 A 却往往提炼不出来。一开始大家都以为小 A 很保守，不愿意传、帮、带，当何伟进一步现场了解后，得出了一个结论：小 A 从来不准备话术，全都是凭现场的感觉，来进行临场发挥的，典型的一个应变型的销售。

针对小 A 这两个急需提高的方面，何伟为小 A 量体裁衣，制定了一套改善建议，不仅提升他自己，也进而提升团队的能力：

1. 不断监控和引导小 A 的情绪，控制和激励他稳定地工作，并且交给他一些保持自己情绪激昂的工作方法。

2. 小 A 是临场发挥型，不善于总结，而且自己也会由于顾客和自己的状态好坏，发挥的效果有很大的差异，所以为了从小 A 身上获得更多的话术资源，何伟每一天抽出一点时间来观察小 A 的销售场景，用一周时间把小 A 的话术进行提炼和总结，并在销售团队中进行分享。

店员小 B 看起来是一个慢慢吞吞的人，很年轻，但是已经是一个 3 岁孩子的妈妈了，平时话少，也没有很出众的口才，相反还有点笨笨的感觉。但感觉她的身上有细致、完善的地方，比方说她会不断琢磨一些机型，对一些终端机型也会有体会。何伟观察她在销售 T528HTC 这款双核手机时的情景：当一个客户在询问 HTC 双核手机时，小 B 询问客户对智能终端有什么需求，在与客户的交流中，小 B 一边用心地听着，一边让顾客阐述自己的需求，客户无意中提到了他的工作特点是经常需要开会，小 B 在给客户演示的过程中，拿着 T528HTC 这款机型说："先生，说到经常开会，开会的时候，手机如果没放到静音的状态，会让你手忙脚乱地关机，干扰客户。这一款手机有一个小小的感应功能，当有来电时，您只要将手机放到桌面上，它就会自动停止铃声了，我可以给您演示一下。"

当铃声响起来的时候，小 B 用手拿着这款手机，将正面放在桌子上，手机铃声瞬间停止了，看到客户神情惊讶，小 B 依然用柔和的声音说："这款手机您也看到了，当有来电的时候，你轻轻地把它放到桌子上，它自己就停止铃声了，很方便，不会让你再慌乱了。"此时客户立马就产生了浓厚的兴趣，最后很快完成了交易。小 B 还带客户去售后服务区，进行软件的下载。何伟继续跟着，为客户下载的时候，完全也是采取了应用方案，一些基本的功能应用给客户讲解得非常到位，因为提前跟客户交流得非常透彻，因此许多的软件下载都是符合客户个性化需要的。

锦 囊

什么样的员工最能出业绩？有追求，有目的。什么叫有销售潜质呢？最起码沟通能力、自信心都有一定水平，在我们多年的观察和调查中，销售高手并非都属于一种类型，而是各种类型都会有，那我们现在大致看看，给大家一点启示。

1. 八面玲珑型。这种人在销售中的气场是最强大的，他们的情商能力非常好，善于调动和经营别人的感觉、触点，手勤、脚快，接近客户的时候善于用亲和、赞美和激励把客户的内心激发起来，配合进入他的气场。只要客户进了店，往往不超过 3 分钟，他们就能和客户变成称兄道弟的关系，而且客户在临走的时候也会非常感谢地跟销售告别。这是最有销售潜质的一种类型，这种销售穿透人心的能力非常好，人性清单也运用得非常到位，而且察言观色的能力非常强，天性中就具有见人说人话，"见鬼说鬼话，不人不鬼说胡话"的境界，这往往也是销售中的最高境界。什么样的员工最值得店长进行辅导？答案是有成就欲望的员工，有销售潜质的员工，有追求目标的员工。

2. **专业顾问型。**专业顾问类型的最大特点是精通业务，掌握业务的核心，他们也许情商一般，但是他们的智力水准和掌控能力非常强，他们比较关注业务的细节和终端的特色，学习能力也强，他一旦捕捉到客户的需求和脉搏，给客户推荐的业务和需求都是非常厉害的，他给客户的建议和演示，都令客户信服。

店长们经常看到，有的员工很优秀，但就是不出业绩，不是他们不优秀，而是他们把事情做完美的态度欠缺；我们会看到有些员工能力发挥一般，可是你会发现他有他自己很强的能力。

对专业顾问型这样的员工，店长在打造销售高手时，需要加强一下情商以及经营客户感觉的能力，这样就会更完美了。遇到八面玲珑型，其能力、专业化水平的力量都很强，他们会耍点小聪明，因此店长要针对他的特点进行辅导和培养。

3. **大智若愚型。**我们通常认为销售做得好的人都是那种八面玲珑、灵气四溢的人，但有时候也恰恰相反，我们也经常看到大智若愚型的人。这些人看起来非常朴实无华、很憨厚、不漂亮，从外形上看完全不像销售高手，但他们有锲而不舍的精神。在销售中，他们的销售行为有如下特点：非常耐心地应对客户的所有需求，哪怕看 10 个终端，体验 20 个软件，这种销售始终保持着很大的耐心，配合客户的选择和体验，他们还有一种特点，就是对自己的产品和竞争对手产品都非常了解，而这样的详细介绍，往往会让客户感觉到他的敬业精神以及对岗位的创投能力，他们奉行的是水滴石穿，不是力量的巨大，而是对力量的坚持。而且往往看上去很老实，有不会骗人的外形，在客户面前"不鸣则已，一鸣惊人"，销售业绩提升很快。

4. 单纯可爱型。这种销售就是那种乖巧机灵、可爱的，她有时候就像一个小妹妹一样，睁着一双无辜的眼睛，很不设防看着客户。楚楚动人的形象和性格往往让很多顾客欲罢不能，不好意思拒绝她。她们的销售特点，貌似单纯可爱、缺乏专业性；专业度和信任度都比其他类型要弱，但是一旦她的业务结构和知识结构都比较专业时，她的杀伤力就十分强大。真能把这种风格做到极致的，必然是对自己的工作和产品做到超级热爱和熟悉，在跟客户沟通中用甜蜜的风格，十分知心。对这种销售风格的店员进行辅导，一定要培养他们对目标的执著的追求，并且克服他们在日常生活中玩的习惯。建立起真正、持久的工作风格。

第**4**篇

王牌店长的服务管理与现场管理

ACE MANAGER SHOULD
BE LIKE THIS

ACE MANAGER SHOULD
BE LIKE THIS

　　营业厅服务管理的重要性是因为服务决定了客户的感知，而客户的感知决定了客户的满意度，进而影响客户的忠诚度。通信行业的营业厅是客户了解评价公司服务和形象的重要窗口，营业人员的服务水准和服务礼仪成为客户评判公司的重要因素。对王牌店长来说，抓好服务，才是营业厅的王道。

　　营业厅现场管理首先是要保证营业厅正常运营，保证营业厅人、物、设备和环境有序、安全运行。在此基础上，营业厅要追求在现场管理中的高效、科学，以及转型后的效能产能，对王牌店长来说，就是更大的考验了。

店长如何做好
服务管理

在营业厅管理中,服务管理是非常重要的,这是我们营业厅给社会公众和客户形成良好感知,以及传播美誉度的一个重要手段。即使现在营业厅转型主要是以完成销售、推进业绩为主要使命,但是服务管理如果做得好,服务就如同春耕、除草阶段,而秋收则是良好服务后带来的自然而然的结果。

1. 服务管理的现状。现场管理中,经常出现各岗位员工对服务规范的理解不统一,概念模糊的现象,而我们的厅经理也经常是依据现有服务规范对员工进行临时性管理,往往出现问题后才发现原来是员工对规范理解有问题。由于服务规范在制定时往往考虑的是全面性与可操作性,因此不会将通行的服务规范制定得过于细化,这就使得员工在理解上会出现偏差,所以各位店长在进行服务规范执行时就必然要依据原有的服务规范制度,细化指标以帮助员工理解并执行规范。

2. 店长要对服务管理中的问题进行有效分析,才能有针对性地做好服务管理工作。首先,做好服务管理应先发现员工的问题,找好入手点，我们在服务管理的过程中，经常发现员工对待服务经常是这种态度：

第一，员工工作态度的问题。员工总是说"知道了"，但不做。

第二，员工工作习惯的问题。经常出现知道且做了，但不习惯。

第三，员工工作能力的问题。知道要做，但不会做。

那么又如何解决这三种问题呢？

营业员小花进入岗位的时候，营业厅要求做到接一问二招呼三，但是面对前来办理业务的客户，她就会把"您好，请问您办理什么业务？"这一句招呼语，简化为"你好，是缴费吗？"而且语调用的是降调，显得生冷和不耐烦。每当缴费日，客户很多的时候，大家都会很疲惫，小花经常会沉着脸对客户说："缴费吗？手机号是多少？"每当店长督导她的时候，她总是说知道了，但就是不做。

营业员小北则是督导他的时候，他就做，不督导他就反弹不做，见到店长过来他做，或者听说最近有重大的上级检查或客户明察暗访时，他那段时间也会做，风头一过他就不做。

小季是一个新来的员工，做销售岗，公司服务规范要求他给客户做体验的时候，站在客户的右侧，以客户为主，让客户更好地接近电脑，实现体验。但他的行为并没有固化起来，有时是自己对着电脑，拿着鼠标，让客户站在旁边，有时候让客户站在左边，他是想做好，但却做不到。

锦囊

一、解决员工服务态度的问题主要有以下途径：

1. **归纳标准**：通过解决工作发现的问题积累经验，归纳出最优的标准来执行；我们的厅经理也都是公司的老员工了，干营业厅服务也有一定的时间，他们肯定很清楚哪种方式最适合营业厅的管理，把它总结归纳，制定到我们的要求中去，这就是标准。

2. **团队统一**：团队上下口径一致，工作方法一致，执行标准一致。在管理员工执行时，要有标准化的管理标准，比如服务质量检查、硬件设施检查等。检查的内容和对员工的要求一致，上下同心。当然在开始的时候，我们可以挑选营业厅目前存在的比较突出的问题来进行统一，但请注意，一旦使用了，就必须全团队一致执行，并坚持下去。

3. **对员工的服务心态进行调整**：从心态上调整员工对于服务工作的思路。员工的服务心态决定了员工的行为。培训员工对客户服务理念的认同，是我们店长要常抓不懈的工作。

二、解决员工服务习惯要注意以下几点：

训练：要让员工的身体产生记忆，因为只有这样他们才能在工作量繁重的时候依然保持正确行为；训练的工作是细化到每一天，每个时段的，比如早班会的练习，营业厅闲时的练习，只有不断的训练，员工才能对你的要求形成固化的印象。

重复：重复地训练，要让标准在执行的过程中像呼吸一样自然。什么样的东西记忆最深刻？不断重复的东西，有个笑话说，如果想让你的员工记住某个要求或规定，那就要一直重复到他呕吐为止。当然这是夸张，但不断地重复训练，让员工形成条件反射，是对服务要求最好的贯彻。

巡检：面对员工对标准的执行不利，进行惩罚，并且告诫接近错误边缘的行为。其实我们都知道，员工很清楚自己要做哪些事，但是为什么有些事员工做，而有些员工不做呢？问题就是，你是不是重视，你有没有检查。员工只做你检查的事。人都是有惰性的，当你不断地去检查，员工们就知道这件事你关注，他们才想去做好。

现场管理中
你如何进行批评？

　　在现场管理中，经常会出现一些突发的事件，从内部角度来说，就是营业员在现场中做出违反规定、违反规范的行为或举止，那么店长就会对营业员实施规定中的处罚。但是现场的处罚也是需要技巧和讲究的，处罚不当，不仅没有解决问题，反而会更激发矛盾。

案例

　　光明大街营业厅服务业绩不断下滑，暗访业绩明显较前几个月倒退，排名全市倒数第二，客户针对服务质量投诉也大幅增加。为了扭转此局面，店长张博开始在营业厅进行现场罚单制度，当发现营业员工服务礼仪、行为不合要求时，现场开出罚单，被处罚人现场交钱，以示惩戒。

　　今天下午，张博在营业厅发现营业员小王没有按服务礼仪要求双手递接，没有化妆，当即开了一张20元的罚单，要求小王现场交钱。小王不高兴地说："我没带零钱!"张博说,你可以先向同事借一下。小王脸色很不好,嘟嘟囔囔地向别人借了钱扔在桌上。张博将罚单放在桌上,小王瞅了一眼,一手扯过去。张博刚一转身要走,听见小王小声说:"神经病!"张博很生气:"现在的员工怎么这么不听话啊!"

有时候越急躁,心绪越不好,越会遇到更让张博窝心的事。下午在营业厅,营业员去给客户复印证件,回来的时候,忘了把"服务暂停"牌翻起,被张博看见了。张博当着员工和客户的面说:"你怎么回事,说过你几次了,你怎么还是这样!"旁边的客户笑了起来,弄得员工很尴尬,顿时现场的气氛也变得紧张起来。

请问各位店长,在这两个案例中,你看到了什么?

1. 造成这样冲突的原因是什么?

2. 这样冲突会给员工后面的服务工作带来什么样的影响?

3. 除了用现场罚单或批评,你还有什么方法来纠正员工的问题呢?

这种现场罚单及批评带来的冲突,很明显,至少会影响员工当天的心态及表现,员工可能会出现急躁、易怒、牢骚等问题,并有可能将此情绪迅速扩散至其他员工,而产生较大的负面影响。而如果这种情绪没有得到很好的舒解,也会让与小王接触的客户对营业厅的服务,甚至对公司的服务品牌产生不好的印象。

锦 囊

冲突的根源很简单，就是现场管理员工时，态度过于生硬，伤害了员工的自尊心，而导致冲突的产生。我们常说的一句话："没有满意的员工，就没有满意的用户。"很明显，这种现场罚单的管理方法，不是一种通用的、适用于所有情形及班组的方法，我们不建议在一般的情况下使用，即使营业厅的管理有待提升，此种影响较大的管理方法在使用前一定要慎之又慎，使用时尽量考虑员工的接受程度与伤害程度，以保证员工的主动接受为第一考量标准。

员工管理是一门很高深的学问，特别是现场的管理，在客户与其他员工面前，惩罚员工一定要多加考虑，注意惩罚的力度、影响，以及带来的种种可能的后果。现在的员工普遍年纪较轻，而且随着客户量的不断上升，客户带给员工的压力本就已经不小，如果我们在人员流动大、开放性强的营业厅现场如此管理员工，则很有可能成为恶化员工压力的导火索，导致员工厌恶工作，甚至产生抵触情绪。我们的厅经理在进行现场管理时，尽量要以正面、正向、鼓励员工的方法为主。

作为店长，可以在管理中逐渐确定自己的管理风格，我们在前面的章节中也做过论述。现场管理不论采用命令式管理、参与式管理还是消极式管理，都要遵循员工的成长状态进行对应的管理。无论你选择怎样的管理风格，你一定要知道你权力的行使必须建立在对员工的尊重上。优秀的管理者是愿意担当和承担责任的人，塑造权威是所有店长都要采用的一种方法，一个优秀的管理者，不仅仅在于正确有序地管理下属，还要在保护下属自尊的情况下，有效地行使权威。

我们知道管理首先要管理自己，对于店长而言，要能管理自己的情绪，批评下属要学会分场合、分时间、分环境，在第二个案例中店长当着客户面批评下属，不仅让下属没有面子，而且形成店员不会再尊重你的一种非常恶劣的局面，而现场冲突往往就是这种情况带来的。

在批评下属时候，应该有效使用"三明治"的方式，就是表扬加批评加鼓励的这种公式，它的特点就是先肯定表扬员工在近期的一些努力和你需要强化的正面行为，之后再诚恳地提出需要继续改善的地方，最后再激励他一定可以做得更好，相信并鼓励他持久改善的行为，所以批评也是一种艺术，对于店长来说，有效使用批评既可以改善和提升员工的一些短板行为，同时也可以在现场中获得更好的效果。

营业厅环境管理

营业厅环境管理是现场管理中的关键，一个良好的运营环境才能让客户和员工在此身心愉悦，才能更好地留住客户，也更好地提升客户感知。那么，在现场管理中，有一种非常好的管理方法，就是 5S 理论。

在营业厅环境管理中，营业厅 5S 管理的成功对营业厅运营有以下 6 大功效：

1. **提升企业形象。**营业厅是企业的窗口，干净整洁的环境将带给客户良好的感知。

2. **减少浪费。**便捷的工作环境减少了日常运营不必要的浪费。

3. **提升员工归属感、优越感、成就感。**好的环境营造良好的工作氛围，提升员工对营业厅的归属感，使员工对营业厅有责任感，真正爱上自己的营业厅。

4. **安全有保障。**前、后台的秩序井然是安全的保障。有一个营业厅，后台乱得很，总电源旁边就是员工的饮水机，周围都是电源插座，插座旁还摆着赠送的毛绒玩具，一旦出现漏电，毛绒玩具是易燃物，极容易导致火灾。

5. **效率提升**。整洁的环境，员工工作时会有条不紊，提高工作效率。

6. **品质有保证**。员工在良好的工作环境下办公，心情舒畅；在便捷的环境中工作，不会总为处理琐事烦恼，大大提升了工作品质。

既然各位店长已经明白了 5S 的重要性，那么，什么是 5S？又如何精准地执行呢？

中文	日文	英文	快速记忆
整理	SEIRI	Organization	要与不要　一留一弃
整顿	SEITON	Neatness	科学布局　取用快捷
清扫	SEISO	Cleaning	清除垃圾　美化环境
清洁	SEIKETSU	Standardization	洁净环境　贯彻到底
素养	SHTSUKE	Discipline and Training	形成制度　养成习惯

各位店长请思考：如何将 5S 理论运用到营业厅实际管理中？

1. **整理**：要与不要，一留一弃。通常营业厅的后台都比较乱，没有吃完的方便面、两天前的豆浆等等，这些都是需要及时清理的。

一个营业厅将墨水瓶放到了营业厅的背景板上，看起来显得很乱。因此，在整理的方面要注意，分清要与不要的东西，不需要的就要马上清理干净，保持营业厅的整洁。记忆：台席上的东西要求 5 分钟能用上，如章、打分箱等；台席下的东西要求 15 分钟能用上，如礼品、资料等。

2.**整顿**：科学布局，取用快捷。营业厅的顾客椅子要正好压在线上，顾客办理完毕业务要及时整顿。有时候看起来是小事，但却是整体布局中的关键，因此在布局过程中要考虑到取用的快捷。

3.**清扫**：清除垃圾，美化环境。在这个环节上请各位管理者谨记：日常清扫：每天都要清扫的范围，如：桌面等；计划清扫：按计划来清扫，如：空调等。

4.**清洁**：清洁环境，贯彻到底。面对清洁不到位问题，店长要示范给员工看，做一个标准，并将标准执行。

5.**素养**：形成制度，养成习惯。提升营业人员的文化素养，并将良好的素养形成员工的习惯，建设成为营业厅的文化。

那么环境管理的核心监管点包括什么呢？清扫与清理监管点、标识指示系统监管点、物品配备与定位监管点。一名优秀的营业厅经理应该学会的 3 件事：有系统地发现问题、有系统地整改、有系统地保持。我们想提示各位，营业厅的环境部分、设施，不是完全都要由厅经理去做，而是选定各个区域由谁负责，并保证好交接。AB 角管理是很有效的让营业厅整体联动起来的方式：

申请管理电子免填单	A角刘××B角李××
营业厅办公用品申领	A角张××B角马××
每日开关演示设备	A角于××B角孙××
自助打印机换纸	A角杜××B角李××
下班后关闭所有电源	A角马××B角宋××
宣传单摆放	A角江××B角李××
报刊更换	A角刘××B角李××
营业厅 PC 机维护	A角宋××B角周××
业务通知归档	A角周××B角李××
排队系统开启关闭 / 维护	A角王××B角李××
饮水机换水 / 清洁	A角宋××B角李××
管理保安清扫员	A角刘××B角李××
制作海报 / 手绘	A角李××B角李××

在营业厅环境管理中，店长要重点监控以下三大关键点：

1. 清扫与清理监管点

第一，检查不要物是否处理完毕。在这里请大家注意，在我们营业厅中一定要检查好不要物，分清什么是不要物，没有用的就一定要处理掉。

第二，要特别注意车辆摆放整齐。我们以前有一个营业厅，厅内门前都很干净，但门口的自行车乱七八糟，客户进门都要在自行车中穿行。

第三，营业厅门前玻璃、门柱等无牛皮癣广告，营业厅外墙壁无杂乱广告。

第四，营业厅内宽敞明亮、整洁舒适、美观大方、放置适当绿色植物、保持通风透气，无异味。

有一个营业厅，用的全部都是淡紫色和粉色的帘子，平时还总是把帘子拉上，营业厅里又都是女孩，给客户的感知很不好。

第五，营业厅内地面保持无灰尘，无碎屑，无纸屑等杂物。

第六，营业厅内布局合理，各功能区划分一目了然。

第七，营业厅柜台干净整洁，无灰尘。

第八，营业厅柜台上摆放物品整洁，且无员工的私人物品（如手机、钥匙等）。

第九，营业厅业务受理柜台上各类电脑（显示器、键盘等）保持清洁，无灰尘。

第十，营业厅各个卫生区域（包括卫生间）责任到人，并保持干净整洁，无异味。

第十一，营业厅各类设施保持无灰尘、无污迹、无指印，保持清洁。

第十二，营业厅配备专门保洁人员，出现污渍3分钟内进行清理，但不要妨碍客户办理业务，要及时将客户翻阅的报刊整理，用过的笔及时归位等。

有一个营业厅的保洁员，打扫地面是不拖地的，只是把上面的碎纸清扫一下。营业厅内是要告知保洁员不但要清扫，还要拖地。

2. 标识指示系统监管点

第一，正门装设符合CI标识规范的企业标志、营业厅名称和营业时间。

第二，夜间服务点在明显位置设置夜间服务灯光显示，装设百米内能看到的标识。

第三，营业厅内装设符合CI标识规范的企业标志。

第四，营业厅内悬挂企业理念（或服务理念、经营理念），内容必须与市公司对外公布的保持一致，不得悬挂其他自创服务理念。

第五，在营业台席前设置隔离栏和一米线，在隔离栏的进出口位置设置提醒栏，并在地面标示进出口箭头。

第六，是否有如下6种标识：物品标识、设施状态标识、禁烟标识、安全警示标识、人员状态标识、工作区标识。

第七，是否有平面区域图。

第八，平面区域图是否摆放于营业厅显著位置，进门即可看到。

第九，平面区域图标注是否明确，主要区域和设施都包含在内，主要区域包括营业受理区、VIP客户服务区、新业务演示区、休息区、自助查询区、客户接待室、洗手间等；主要设施包括灭火器、详单打印机、咨询台、便民设施、书写台、自助查询机等。

第十，设置咨询台。在咨询台工作方面，应注意咨询台应时刻有营业人员，否则将降低运营效率。

第十一，配备流动咨询员，引导客户，回答客户的咨询，维护营业厅的秩序。

我们的一个营业厅，忙起来的时候引导员就没有了，一个小朋友在地上爬来爬去没有人来管。引导员要随时在岗，保证每一位客户都能高效地完成业务办理。

3. 物品配备与定位监管点

第一，配备自动点钞机或验钞机。

第二，配备空调设施。

第三，营业厅内各类桌椅统一样式，统一高度，排列整齐。

第四，营业厅配备整洁的废物回收设施。对于营业厅内的痰桶、垃圾桶等，应保持界面清洁。

第五，配备公用饮水机及饮水杯，饮水机水桶干净，并正常饮用，饮水机一定要配有一次性纸杯，如果没有要及时补上。

第六，营业厅内设有供客户书写用的桌椅、文具等用品。桌椅要整洁，文具应书写流利。

第七，对提供给客户休息等候的各类设施定期清洁，如有损坏，及时修复。

第八，营业厅内悬挂时钟，并提供正确时间、日历显示，时钟误差不得超过2分钟。有一个营业厅时钟时间和叫号机时间竟差了15分钟，一旦第三方公司来检查，肯定要扣分。

第九，配备客户意见簿，且意见簿整洁有序，无脏乱现象，厅经理要对客户的意见当天或次日批阅，及时回复。

意见簿回复格式要注意以下几点：尊敬的××顾客：感谢您给我们提供宝贵意见、问题的处理与解答、欢迎您再次给我们提出宝贵意见、注明自己的姓名。

第十，营业厅应设有方便残疾人出入的通道或备有残疾人轮椅（主营业厅）。

第十一，备有客户应急使用的针线、信纸、常用药品及方便客户使用的公用电话。

第十二，营业厅内备有灭火器，防火措施完备，无安全隐患。

第十三，所有物品依规定摆放整齐（活动设备；各种柜、架；工作台、板凳、办公用品；消防器具；饮水机；垃圾箱）。

一、5S 实施战略：请各位管理者记住 5S 推进的八大要诀：

1. 全员参与，其乐无穷。

2. 培养 5S 大气候。

3. 店长挂帅。

4. 彻底理解 5S 精神。

5. 立竿见影的方法。

6. 店长值班经理巡视现场。

7. 上下一心，彻底推进。

8. 以 5S 为改善的桥梁。

二、在人员流程方面，建立 5S 推进组织要注意以下几个方面：

1. 层次不宜太多，不要过于复杂化，应简单容易执行。

2．成员精干，培养骨干人员，为推进 5S 助力。

3．活动频率适当，过程不要太多。

4．责任明确，落实到人。

5．授权和提供资源。

三、要有全员营销全员管理的意识：人人 5S，事事 5S。

遇到突发事件时，店长
应该怎么办？

　　营业厅常常会遇到各种情况，客户突发疾病、营业厅停电、火警、记者采访，甚至还会遇到偷窃、抢劫、打架等状况。面对这些突发情况，考验店长临危不惧的关键时刻就到了。

　　应对突发事件，店长平时要牢记各类突发事件的处理步骤和现场应急方法，若有条件，店长还可以带领大家模拟各种突发事件的应对措施，以便做到防患于未然。

　　突发事件出现的时候，请注意恪守以下守则：

1. 止损

首先，要冷静，不要做出过激行为。要保证客户和员工的人身、生命和财产的安全。

2. 思考、查询

其次，冷静思考及分析遇到的问题，分清问题的主要性和次要性，先解决主要问题，再解决次要问题。当不明确解决方法时，不要盲目地去做，应先查询相关文件或流程规范，保证问题解决的顺利。

3. 上报并处理

遇到个人不能够处理的一定不要凭个人判断，要及时上报相关部门，以防出现处理不当。

4. 记录与总结

做好记录总结工作，不要再同一个地方跌倒两次。

掌握了原则之后，店长们要了解突发事件处理模式。营业厅一旦出现突发事件，厅经理要做出快速反应。以下是安全突发事件的处理模式：

我们来看看，营业厅遇到停电这种特殊情况时，该如何应对和处理？

案例时间：2012年1月8日，下午6点，

地点：XX营业厅

情景：客户较多，正在办理业务时，停电，应急电源启动。

店长赵丽急中生智，马上采取停电紧急处理预案。

赵丽的处理方法：

第一，通知营业员，停止业务办理，所有现金入柜，切断相应电源。

第二，告知正在办理业务的客户，现在突发停电，正在查找原因，请客户谅解，耐心等待。

第三，安排保安或通知专管人员去查看原因、了解解决所需时间。

第四，在营业厅入口处摆放故障提示牌，并安排一名员工专门守住门口，对进厅的客户进行解释，各区域人员暂时在原岗位不动，解答客户问题，相互不要串岗聊天。

第五，针对办理业务中情绪不满的客户，面对面致歉并进行安抚，提示员工不要与客户发生正面冲突。

第六，想办法启用备用电源，并及时上报主管领导。

第七，如果属短期停电，则在电来之后，主要进行客户秩序维持的工作，采用手写号码、排队、重新抽号等情况保证营业厅秩序正常。

第八，在征得领导同意之后，向等待的客户发放礼品进行安抚。

第九，做好相关记录，总结本次突发事件中的问题，探讨流程可改进的地方。

锦囊

　　此案例中，店长赵丽在面对意外停电事故时表现出来的临危不乱是每个营业厅现场管理人员必备的基本素质。因为在事故中店长首先让自己冷静下来，才可能正确、理智地作出决断，去处理突发事件，而不会因为厅经理的不冷静而发生一些不该发生的事件。

　　在这个案例中店长赵丽面对情绪激动的客户能做到有礼有节，进退有序，表现出了良好修养。对员工能及时安慰、辅导员工的工作，平息营业员的情绪，有效帮助员工和客户解决问题，在员工中树立了良好的形象。这对于厅经理来说是个威信确立的良好时刻。

　　特别要提出的是，当停电时有客户提出异议时，一定要及时、耐心地进行疏导，这一点对于调节营业厅氛围，平息客户情绪有很关键的作用。我们曾经遇到过因为个别客户的恶意挑拨，而引发营业厅群体性事件的负面案例。

　　这次事件的处理成功化解了可能出现的冲突和不必要的麻烦，让客户看到了一个专业高效优质服务的公司，起到了良好的正面宣传作用。

如何面对情绪激动
投诉升级的客户

在营业厅服务管理中，投诉管理是店长必须面对的大事，也最能考量一厅之长在服务管理中的水平。在日常投诉管理中，相信各位店长已经和员工们形成了默契的解决套路，常规的话术以及处理步骤。

但是，营业厅还会遇到一些重大投诉，升级投诉，甚至恶性投诉，不论客户是有理由投诉，还是无理由投诉，都会带来影响企业形象的负面作用。在资讯、传媒日益发达的今天，各位店长要把重大投诉管理当作危机管理来看待，争取化危为机；即使无法达到这个效果，也要将负面影响降到最低。

那么，我们在这里重点分享一下，如何解决投诉升级的问题。

案 例

在 3·15 这一天，有一对老年夫妻来到光华路营业厅现场投诉，投诉"乱收费"，并且扬言要见领导。当时营业厅客户很多，加之这个敏感日，营业厅门口迅速围满了看客。营业员见状，分别去劝服，老人家情绪激动，根本不听；当保安去扶两位老人家，希望他们离开门口，有事进去说时，老人把胳膊一挥，威胁说，他有高血压，一会儿要是摔了，你们可得负责。围观的人越来越多，营业员个个束手无策。恰恰在早晨，店长领着另几个营业员在附近百货大厦做商家联盟促销，不在现场。

在僵持不下的情况下，营业员晓丽走上前去，拉着老太太的胳膊说："大妈，您看大爷这么激动，可别高血压犯了，您劝劝他，别吵了。"没想到老太太一口吐沫吐到晓丽脸上，破口大骂："你们都不是东西，滚一边去！"说着一把把晓丽推个趔趄。晓丽突然大哭，委屈不已，直接回嘴说："真没见过这么不讲理的老人，太不讲理了！"老太太咆哮着扑过来，矛盾直接升级……客户中起哄的人，开始拨打"都市快报"新闻热线，请新闻记者记载该营业厅服务现场的混乱……

我们先对这个案例进行分析，从中反思一下在危机管理中我们欠缺什么？

1. 3·15 这一天本来就是营业厅的敏感日，为防止一些客户在营业厅因长期无法解决的投诉而情绪激动或者引发升级投诉，我们至少应在 3·15 之前做好应急预案的准备，如无特殊情况，当天营业厅全体人员应上班，特别是我们的店长，你在现场，不仅能发现营业厅的一些投诉客户隐患，也将给员工一种正面的心理支撑。而对于员工也要有所分工，哪些人进行人员疏导，各区域谁来负责，出了问题由谁来联系协调，而对于一些集中典型的投诉，解释处理的口径和流程又是什么。只有提前进行了安排和演练，才能在当天做到有序、统一、高效地处理客户投诉。

2. 我们教给员工的，不仅是一些处理投诉技巧，还有一定的团队配合与演练，若是遇到突发状况，应该有同伴上来与其配合，若某位员工的方法没有得到支持的时候，应该有其他人来更换一种说法或做法，也许可以让客户接受。

3. 作为一名营业厅的管理者，我们更应该成为员工的榜样。其实在处理老年客户投诉抱怨时，更讲究的是耐心倾听，这也是我们应对营业厅投诉的第一准则。走出柜台，将老人请进休息区或办公室，递上一杯水，采取听、同、清、应、控的五步投诉处理法，也许不能马上解决老年客户的投诉，但至少，可以让客户认同你的服务，这也是基础员工处理投诉的第一目标。

4. 从案例中我们也可以看到，该营业厅缺乏投诉处理流程的演练，训练员工更好地解决投诉，应循序渐进地进行：首先是个人投诉技巧的学习，当掌握了内容以后，在日常工作中，王牌店长应该多在实际运用中评估员工的使用情况，并进行辅导和培训。当员工个人可以熟练地运用投诉技巧后，再进行团队的整体演练，根据个人特点，不同的员工负责不同的处理环节，能有效地减少客户因投诉带来的情绪问题，也能缓解因客户投诉带来的员工压力。

5. 从这位店长处理问题员工的表现来看，她还缺乏心理疏导。店长应多利用日常的案例学习，从代表性的投诉入手，调节员工情绪，疏导员工心理中不良观念。一般来讲，员工在基层工作到两年以上，职业倦怠期特征就开始显现，特别是营业厅员工，心理疏导是缓解员工紧张情绪、推迟职业倦怠期负面影响的有力工具，能让员工快速地抒发不良情绪，提高工作效率，并将这种情绪的改善直接体现在工作上，同时提升客户的满意度。

投诉处理五步法介绍：

听：就是在处理任何一件投诉时，都要首先学会倾听。听不仅能让你清楚事情的经过，也可以通过倾听来缓解客户的情绪。投诉的客户大多情绪都比较激动，而这时候是没有办法和客户进行硬邦邦的理性交流，只有先让客户平静下来，才打好了处理投诉的基础。记住，任何投诉都是先处理心情，再处理事情。

同：就是学会用同理心去看事情。客户在叙述以后，当然需要理解，我们要取得客户的信任，一定要先学会站在客户角度去看问题，多用："这一定让您心烦了吧……我理解这样的情况给您带来的不方便……要是我是您，早就发脾气了……"等字眼，只有客户信任你，认为你是在为他着想的，他才会愿意和你进一步交流。

清：就是让客户知道你会为他做什么。很多时候，作为营业一线的我们，权限有限，是无法一步到位直接处理客户投诉的，在这样的时候，我们就要学会，让客户知道你为他处理的过程。比如现场如果马上处理的投诉，先记录下来问题，承诺回复时间，请客户先离开。由营业人员进行联系处理或上报，如果到了规定时限仍没有结果，也要主动和客户联系，告知我们经过了哪些步骤，现在问题进行到哪一步了，让等待中的客户心中有数。营业厅处理投诉，其实很多投诉最后我们无力解决，但我们至少可以做到，让客户认可我们个人的付出和努力，能做到这一步，就很好了。

应：就是回应给客户我们的处理结果。这个阶段我们才真正进入处理问题的阶段，首先给客户一个处理的预备方案，看看其接受的程度，然后了解客户真正的处理意愿，并就处理结果达成一致。

控：就是控制客户的期望值。到了最后阶段，我们要迅速了结事情，不让此投诉再牵扯其他问题或其他人员，并了解这样的处理结果是不是客户的最终要求，学会控制客户的期望值。

有计划，
才能更有效地工作

　　看完以上各个单元的内容，你是否觉得，做好店长不容易，做一个王牌店长更不容易。既要会管自己，还要管团队；既要会做服务，还要懂销售；既要现场管理，还要客户管理。要懂的事太多了，要做的事也太多了。是的，成功者一定是比别人付出更多的，只有不断走出心灵舒适区的人，不断接受挑战，愿意超越的人，才有可能看到别人看不到的风光，体会到别人体会不到的感悟，历练出比别人更强的能耐。

　　在我们如何做好王牌店长的这一节，我们一起梳理王牌店长如何做好工作计划，你每天、每周、每月大致应该做什么，又怎样来做计划和安排。使每一天的工作都做到心中有数，每一周的工作都按计划推进，每一月的工作都有阶段性的总结，进而阶梯式地迈进你想达成的目标。

　　我们依据店长的工作职责，确定工作内容，按照工作周期分为每日、每周、每月的工作。

　　我们的营业厅工作计划和规划虽然有些区别，但总体思路应该是一样的。

　　那么，我们在这里重点分享一下，如何解决投诉升级的问题。

案例

　　和平里是本市一家 A 类营业厅，面积有 300 多平方米，营业员有 14 个。营业厅转型后，既要承担营业厅销售、服务、体验工作，还要负责支撑区域网格的一些工作，进行协同。同时，凡是涉及营业厅受理的相关投诉都要由营业厅来解决，加上业务学习、员工培训、数据使用、客户维系等工作，事情非常多。加之公司经常有些临时性的工作，营业厅突发性的事情，都会让店长王小娥焦头烂额。

　　王小娥的领导发现她虽然工作很积极，但却不会有计划地工作，随意工作情形比较多。在领导的帮助下。小娥开始制订工作计划，逐渐地、慢慢地开始梳理每天、每周、每月的工作，店长王小娥有条不紊的营业厅管理习惯也真正建立起来。

工作计划可以根据每天、每周、每月来安排。

每日工作

一、营业前的准备工作

1. 营业厅经理个人准备工作

（1）检查营业厅相关设施的运行情况。

（2）检查营业厅环境。

（3）检查营业厅相关宣传物料并及时更新。

2. 全体人员准备工作

（1）检查营业人员的仪容仪表。

（2）督促营业人员做好营业前的各项准备工作。

3. 班前会

（1）班前会在每天营业厅开始营业前 15 分钟召开。

（2）列队点名，检查当班营业人员的出勤情况。

（3）从着装、工号牌、面部、头发、手部五方面检查营业人员的仪容仪表，并检查营业人员的精神状态。

（4）传达公司下发的重要文件的精神及政策，营业人员认真阅读后在文件上签字确认，确保每位营业人员均了解相关要求。

(5) 将当日工作的重点及相关要求通知营业人员，布置工作任务。

(6) 经验分享，团队激励。

二、营业中的工作

1. 采用走动式的管理，随时对营业环境的卫生、营业台面的整洁、营业设施的运转等情况进行检查。

2. 采用走动式的管理，随时对营业人员的站姿、坐姿、蹲姿、手势、眼神、主动服务、微笑服务、规范用语、唱收唱找、双手递物、服务准确性、业务知识熟知程度等各方面进行检查，并根据情况予以指导；尤其是营业人员的主动服务意识、微笑服务及主动推介率予以重点督导。

3. 随时对营业厅现场进行巡视，发现营业厅工作人员（包括保安）在工作中出现问题，马上予以指正，督促立即整改，甚至合理调整其工作岗位。

4. 重点关注营业厅的客流量，根据实际情况，指导营业人员或引导员做好引导和服务工作，适时地进行人员的调配。

5. 按照营业厅应急预案，妥善处理营业厅的各类突发事件，对于无法处理的事情，即时向上级主管领导或部门汇报，并协助处理。

6. 检查营业厅各岗位人员交接班记录本的完整性和

准确性，包括每天传达的文件精神、活动方案及交班事宜等内容，详细填写交接班记录本。

7. 检查工号使用情况（检查营业人员的工号是否借用、混用等），核对本班账务、各类数据、库存、备用金使用情况，安排相关人员制作前一天的营业销售报表，汇总登记后及时上报。

8. 查收公司新下发的文件和各类促销宣传活动资料，并收集在册，为班后会组织营业员统一学习和落实做好准备。

9. 对当日当班营业人员违规情况、营业差错情况、服务情况、营业厅卫生情况、客户投诉情况等方面的工作进行总结汇总。

10. 按照"日清日结"的原则，对营收款、终端、有价卡等进行及时的处理。

11. 按照营业厅销售任务指标，组织营业员外出发展业务。

三、日结工作

1. 班后会

（1）每天营业结束后召开班后会。

（2）列队点名，检查当班营业人员的出勤情况。

（3）将当日汇总的文件对营业员进行培训学习，传达公司下发的重要文件的精神及政策，营业人员认真阅读后在文件上签字确认，确保每位营业人员了解相关要求。

（4）当日工作情况汇总通报。对表现优异的营业人员提出表扬；对表现较差的营业人员及存在的问题提出批评并督导整改；对典型投诉案例的处理方法及个别事例进行分析，对当事人的处理方式进行点评。

（5）根据当日的工作情况及文件精神对明天的工作进行部署并提出要求。

2. 营业后的整理工作

（1）督促各岗位的营业人员将次日所需的各类设施进行整理和妥善保存。

（2）关闭所有的营业设施，包括：将各区域的营业设备如电脑、打印机、复印机、详单打印机、手机充电器、电视机等，最后关闭厅内的总电源。

（3）认真检查各岗位的整理情况，在交接班记录上进行详细的登记。

每周工作

一、每周协助配合培训人员，定期组织营业人员进行业务培训和相关考试。

二、召开营业厅周例会，总结本周营业人员的工作学习情况，通报当月营业人员的工作情况、服务质量情况、销售情况、维系挽留情况等，并布置下周的工作安排及注意事项。

三、每周对营业厅内的办公物品进行盘点，及时了解营业厅办公用品、学习资料的需求，如遇到缺少的物品，迅速申领，并且保管好，同时做好物品去向的登记和报表。

四、组织对本周的销售情况、营收款、有价卡、终端、票据等进行盘点、稽核与汇总，并对本周的服务质量情况进行总结与分析。

五、对本周新下发到营业厅使用的单据、宣传资料进行留样保存。

每月工作

一、组织营业员进行互评，并对营业人员业绩进行评估考核，并上报至相关主管部门。

二、对当月营业人员的工作情况、服务质量、销售情况、维系挽留情况等进行总结分析，并汇总上报至相关主管部门。

三、召开月例会，通报当月的工作情况、服务质量情况、销售情况、维系挽留情况等，布置下月的工作安排及具体排班。

每日工作表——营业前工作

项目	工作内容	工作标准	配合人员	完成时间
早会前准备	检查营业厅相关设施的运行情况	负责安排相关人员开启营业厅的总电源及所有营业设备，并确保营业设备均能正常运行，包括检查基本设施、检查营业设施、检查辅助服务设施。	全体人员	早会前
	检查营业厅环境	负责安排人员对营业厅外的车辆、外坪、台阶、门前、橱窗、墙面、横幅、宣传灯箱、宣传广告牌、营业厅内环境卫生等进行检查。	保洁员、保安	
	检查营业厅相关宣传物料并及时更新	检查宣传单张、终端销售展示柜（台）内手机价格标识、报架上的报纸是否已及时更新。	销售专区人员	
	检查营业人员仪容仪表	营业人员着装是否规范、营业人员的情绪及精神面貌是否良好。	前台业务受理岗	

项目	工作内容	工作标准	配合人员	完成时间
早会前准备	督促营业人员做好营业前的各项准备工作	包括：1. 所有营业人员整理着装、妆容。2. 业务受理员将营业用的票据、免填单、零钱等准备好，并做好营业前的准备。3. 导购员整理好宣传架上的报纸及宣传资料等宣传物料。4. 库管员清点整理好摆放在营业厅内展示的各类礼品及终端产品，并按要求补充备齐。	全体人员	早会前
早会	列队点名	点名报到，根据实际情况填写考勤表；齐声问好。	全体人员	营业前15分钟
	服装仪容检查	分成两队，相互检查仪容仪情况。	全体人员	
	岗位安排	确认各营业员的具体岗位安排。	全体人员	
	重要事务讲解	总结前提出工作中注意事项，传达公司相关文件，讲解与政策相关的注意事项及当日工作安排；当日库存商品、价格、数量等。	全体人员	

续表

项目	工作内容	工作标准	配合人员	完成时间
早会	经营销售通报	总结前一天销售情况并进行通报排名。	全体人员	营业前 15 分钟
	学习服务理念	提倡六声四性：即歌声、笑声、掌声、读书声、业绩报表声、成长声；趣味性、知识性、感性、理性。	全体人员	
	早会结束前	一起大声宣读服务口号或团队激励口号。	全体人员	
正式开门营业	营业开始	所有当班人员在自己的岗位站立，营业经理、咨询岗和保安人员在营业厅开门口站立，齐声致意欢迎第一批客户。	全体人员	规定开门营业时间

每日工作表——营业中工作

工作项目		工作标准	配合人员	完成时间
厅内工作	服务质量控制	对 GSM 专区 /CDMA 专区 / 综合营业区营业员服务情况进行监督和指导,并做好考核记录,指导营业员受理各项业务、处理各项投诉。	全体人员	每小时检查
	销售过程控制	实时检查 GSM 专区 /CDMA 专区 / 公用电话各个陈列放置的宣传品是否符合陈列位备案记录,是否符合市公司客服部下发的具体指引,是否出现错、漏。营业厅合作单位销售宣传是否与报批内容不一致。	营业厅经理	
		核实各专业专区或者专柜手机与产品标价,核实合作单位柜台标价。	营业厅经理	

续表

工作项目		工作标准	配合人员	完成时间
	销售过程控制	销售资源协调保障，实时掌握各项各专业各项日常销售物资，记录并视紧迫情况，报市公司客服部。	营业厅经理	
厅内工作		繁忙时段做好疏导客户工作，使每个受理台前人数相对平均。	引导员	
		协助营业员处理较复杂客户投诉时，适当给予指引。	营业厅经理	
	现场管理控制	采用走动式管理，检查营业厅的设施是否正常在用，以及厅内的各项突发事项，做好《营业厅每日必查必检项目表》有关记录。	营业厅经理	
		巡视营业员的服务和工作表现，及时提醒指正，帮助被教练对象提升；同时肯定营业员的每一点进步，及时表示嘉许。	营业厅经理	

续表

工作项目		工作标准	配合人员	完成时间
厅内工作	安全管理风险控制	检查营业员销售过程中是否妥善保管好现金，大额现金须抽屉存放锁管好。严禁营业人员遣到带锁岗位。确需临时离柜时，当将现金、印章、重要凭证和有价证券入柜上锁，营账系统推出用户登录画面。	营业厅经理	
		检查营业员销售过程中是否按要求保管好手机，并做好销售登记或销售记录。手机柜台在上班时同必须保持人员在岗，手机柜台必须随时处于上锁状态；顾客观看手机时手机必须在视线可控制范围内，观看手机客户较多时，不能同时将多部手机提交客户观看，要引导客户到接待区等候观或及时调增人手。	营业厅经理	

206

续表

工作项目		工作标准	配合人员	完成时间
厅内工作		对商品、用品入库、出库、返库进行监督；检查营业员销售过程中是否按要求保管并销售有价卡，及时做好出入库记录。	营业厅经理	
厅外拓展	准备工作	1. 确定目标（时间、地点、联系人、谈判内容、宣传工具；宣传手册、个人名片及小礼品），统一组织调配营业厅团队人力参加。 2. 内部人员分工。 3. 谈判（适用于需要谈判的企业或客户）：协商沟通并确定双方认可的方案。	营业厅经理/业务受理员	自行安排
	销售环节	收集用户资料、意见反馈、收款、发卡登记，如有销售其他产品，则按该类产品销售标准执行。	业务受理员	用户入网或购买时
	销售结束	向用户致谢、留下双方联系方式；同时，营业厅为用户建立跟踪服务档案。	业务受理员	

每日工作表——日结工作

工作项目	工作标准	配合人员	完成时间
班后会	每天早班营业结束后召开班后会，将本日工作情况汇总并进行通报，对表现突出的优秀人员进行表扬，分享工作案例，提出需要事项和需要注意的问题。根据本日的工作情况及文件精神对明天的工作提出要求。	营业厅经理	早班结束后，晚班上班前
库存的清点	对手机、电池、有价卡、套卡等物资入库进行监督，并在每日盘点表上签字。	库管员	营业结束后
日结	营业结束后，对营业厅日结工作进行监督，完成日报表上审核签字；负责对营业员收银现金管理进行监督，对稽核员缴款及报账进行审核。	当班营业员	营业结束后

营业结束后

续表

工作项目	工作标准	配合人员	完成时间
当天早班及昨天下午班的营业款存款	指定人员收缴营业现金及核对，并在保安的护送下到下银行存款。	稽核员	上午10：00 下午4：00
当天晚班的营业款保管	将下午4：00后的营业款存入财务安全的保险柜中。	稽核员	营业结束后
填写日志	营业结束后填写当日值班日志，记录相关内容。	全体人员	营业结束后
关闭电源	相关电源全部关闭。	全体人员	
安全检查	检查保险箱是否已上锁。	库管员	
关门离去	确定厅门锁好后（或将钥匙交接至守夜保安处）方可离开，如有红外线报警系统的需要开启后再离开。	全体人员	营业结束后

营业结束后

209

每周工作表

	工作项目	工作标准	配合人员	完成时间
每周工作	排班	根据营业厅的营业需要进行人员的合理排班。	全体人员	
	周例会	每周召开周例会，对本周工作进行总结，布置下周主要工作。	全体人员	
	销售分析	对本周销售情况进行总结和分析，向相关部门提出需求或信息反馈，在营业厅内实施下周销售工作的安排和改进方案。	全体人员	
	通报所有岗位人员销售积分完成率	对 GSM 专岗 /CDMA 专岗 / 综合营业岗营业员的营业积分完成情况、销售积分完成率进行通报，公示在后台背景墙。	营业厅经理	
	培训工作	每周进行新业务培训，巩固旧业务。	全体人员	

每月工作表

工作项目		工作标准	配合人员	完成时间
月度工作	考核	负责人员业绩评估并考核并定期将评估结果向上级主管部门汇报。	全体人员	
		向上级管理部门报送人员月度考核汇总表、考勤表等相关内容。	全体人员	
	销量分析	对本月销售情况进行总结与分析，向相关部门提出需求或信息反馈，在营业厅内实施下周销售工作的安排和改进方案。	全体人员	
	考核、提供薪酬分配依据	核算 GSM 专岗/CDMA 专岗/综合营业员各个营业员销售积分任务完成率，结合服务质量考核，为人力资源部提供薪酬分配依据。	营业厅经理	
	月例会	组织召开月例会，对当月工作进行总结，布置下月工作。	全体人员	

211

营业现场
手势管理法

在繁忙的营业厅工作现场，营业员保持良好的工作状态和服务水平是店长们最关心的项目之一，当你遇到员工不在状态、违反服务规范的情况，急需解决。在工作中，有些店长是这样做的，现场考核晚班会交流、现场记分每月评价，甚至使用现场罚单现场交钱。而这些方法效果如何呢？

下面是一个客户的真实经历：

今天是营业厅出账高峰，进入光明路营业厅，里面都是等待办理业务的客户，好不容易叫到了我的号，走到2号台席，营业员有气无力地问："您好，请问办什么业务？"在为我查询时，营业员看都不看我，眼睛只盯着电脑，表情严肃。虽然知道她工作繁忙，但是看着她这样的工作表现，我还是觉得不太舒服。

和2号营业员交流了一阵子，我发现她看着我眼睛交流的时间明显增加，表情也突然友好起来，这样被重视的感觉明显让人舒服多了，再交流了一会儿，她在向我解释业务办理手续的时候，还微笑起来，这感觉真好。但是我也想知道，是什么让她有如此的转变呢？

办理业务离开，站在我身后的一位营业员对我笑笑："欢迎下次光临！"我也想："下次还可以来这里办业务！"

其实，这位站在客户身后的"营业员"就是营业厅店长，她也只是使用了一个很简单的武器，就让她的营业员做出了明显的改变，而这个"武器"就是我们要介绍的，手势管理法。

下面我们就来看看手势管理法的主要内容，当然，手势的目的是为了提醒营业员改变服务习惯与动作，下面介绍的十几个动作只是一个思路，作为店长的你可以结合本营业厅的暗访失分项，本厅营业员容易出现的服务规范弱项来进行手势的制定。

手势动作之一：来有迎声

★目的：使营业人员养成主动问候客户的习惯。

★来源：从"问候"两字着手。

★手势：将右手 5 个手指合拢，放于嘴前，慢慢打开，作问候状。（提醒营业员注意问候）

手势动作之二：站立服务

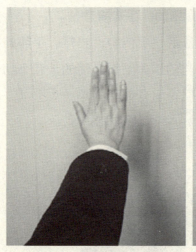 

★目的：使营业员养成站立服务的习惯。

★来源：利用直立象形的特点。

★手势：将右手水平伸出，手臂和身体成直角，五指并拢，五指和手腕尽量成垂直状，掌心面向营业员，呈直立状，提醒营业员注意站立服务。

手势动作之三：微笑

★目的：使营业员养成微笑服务的习惯。

★来源：利用镜子原理，让营业员看到微笑的脸。

★手势：右手大拇指和食指分开，其余手指并拢，将大拇指和食指分别指向自己脸上的两个酒窝，同时脸成微笑状。提醒营业员注意微笑服务。

手势动作之四：暂停服务

★目的：使营业员养成离开台席放上暂停营业牌的习惯。

★来源：借鉴裁判的暂停手势。

★手势：将左手掌心向下平放于胸前，右手食指紧放于左手掌心下，和左手掌呈垂直状提醒营业员注意做到离开台席放上暂停营业牌。

手势动作之五：五声服务

（其中 5 个指头的含义可以自行约定，比如动大拇指是感
谢语，动小拇指是送别语。）

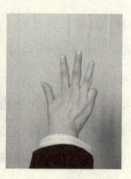

★目的：使营业员养成五声服务的习惯。

★来源：利用数字谐音"五"。

★手势：右手 5 个手指分开，每个手指代表一声：大
拇指代表来有迎声，食指代表问有答声，中指代表办完业
务有谢声，无名指代表造成客户不便有歉声，小拇指代表
走有送声。提醒营业员做到五声服务。

若营业人员未做到来有迎声，可在五指分开的前提
下，轻轻弯曲大拇指两次，以此提示营业人员要做到来有
迎声，其他以此类推。

手势动作之六：唱收唱付

★目的：使营业员在收款时做到唱收唱付的习惯。

★来源：利用收付两个相反的动作。

★手势：

A 唱收：将右手手掌（掌心朝向身体）从外水平划向胸前，即为提醒营业员唱收。

B 唱付：再从胸前水平划向外，即提醒营业员唱付。

手势动作之七：双手递接

★目的：使营业员养成双手递接的习惯。

★来源：利用"递接"这个动作。

★手势：两只手做出递送宣传单页状，一方面提醒营业员做好双手递接；另一方面能提醒营业员注意递送宣传单页。

手势动作之八：整理头发

★目的：使营业员养成整理头发的习惯。

★来源：利用梳头这个动作。

★手势：用右手从额头中央往右边划弧线，轻划两次。

手势动作之九：注视客户

★目的：使营业员养成注视客户的习惯。

★来源：利用眼神的提示提醒。

★手势：头部端正，目视前方，右手握拳放在眼前，手背朝上，伸出食指、中指，指尖朝左，从眼部开始，向前方平移两下。

手势动作之十：挺胸收腹

★目的：让营业员形成良好的站、坐姿。

★来源：利用动作的提示。

★手势：端正身体，伸出右手贴于腹部，手背朝外，往上移动至胸前，手掌朝上平放。

手势动作之十一：注意丝巾

★目的：让营业员养成随时注意领结的习惯。

★来源：同位置手势提示。

★手势：可以用右手指向自己的丝巾或领花，或相同部位，轻轻点一点。男士领带歪斜：男士领带

不正的时候，可以用右手拿住领带结，轻整两下。

手势动作之十二：整理工装

★目的：让营业员养成随时整理工装的习惯。

★来源：利用同位置提示。

★手势：双手捏住工装胸前的衣领部位或两个衣角抖动。

手势动作之十三：检查工牌

★目的：让营业员随时检查工牌整齐。

★来源：利用位置提醒。

★手势：右手食指指向工牌，接连指两次。

手势动作之十四：邀请入座

★目的：让营业员随
时以客户姿势为尊。

★来源：手势动作提
醒。

★手势：右手伸出，
做请客户就座的指示状。

手势动作之十五：注意用词

★目的：让营业员控
制用语。

★来源：动作禁止。

★手势：伸出右手食
指和中指平放在嘴前，像
封条封住嘴唇。

手势动作之十六：表示感谢

★目的：让营业员随时记得使用文明用语。

★来源：赞赏动作提示。

★手势：右手成拳举至胸前，伸出拇指，指尖向上，弯曲两下。

手势动作之十七：做得很好

★目的：给予营业员鼓励。

★来源：同手势提醒。

★手势：右手做 OK 形状，放于腰前右侧。

锦囊

1．**使用手势管理法的前提**：在使用手势法前，店长必须和营业人员有眼神的交流，只有当营业员目光注视到店长时，才能开始使用动作。

2．**注意不同的时间不同的地点。**不能千篇一律使用此法，比如说客流高峰时，营业员应接不暇，店长就没有必要在这时进行手势管理法的提示了。那我们也应该可以发现，使用手势管理法的最合适时间是客户没有排队等候时，也就是找到营业厅的客流闲时再开始手势的管理提示。

3．**手势管理法忌手势频繁和夸张。**一个手势动作只搭配一个动作，手势管理使用太多则说明该营业员的接受能力差，最好在台后专门给她补课。

4．**以身作则。**在提醒营业人员微笑服务时一线店长一定要注意自身要有微笑。当然我们的店长是服务规范的标兵，所以每一个手势动作由店长做出来时，都要有严格的标准，成为营业员的学习模范。

5．**对于性格较内向的营业人员：**建议用留言板及便条等形式更为有效。

现场巡视
管理

营业厅的现场巡视管理水平，直接影响到营业厅整体软硬件的水平和客户满意度的高低，而在营业厅比较常出现的状况是：巡视成了摆设，巡视过后问题依然存在，不解决问题。甚至不同的人巡视时会有不同的结果，有时甚至会造成员工之间的矛盾。造成这种情况的主要原因是：巡视的标准不够细化，执行起来会因为每个人的观点、习惯不同造成不同的结果。

案 例

今天营业厅店长小王去公司开会，昨天晚上小王就交代值班经理小李，今天一定要做好现场的巡视，不能让服务水平因店长不在而滑坡，可是小李在早上巡视时，发现员工并不听从她的巡视要求，比如在她指出某营业员的化妆过淡时，对方辩解说："我化了啊，当时还专门照了镜子的，你看……"在指出某营业员接待客户没有微笑时，这位营业又说："怎么没笑，我一看见这个客户进营业厅门就笑了……"

看，这就是巡视工作没有具体细化带来的结果，如果在巡视工作中明确规定了标准与要求，不仅执行的人使用起来更得力，也让被检查的员工知道了具体改进的方向，并且不会产生歧义。

锦 囊

　　强化巡检时间：每天的巡检要结合营业厅的客流忙闲时安排，在闲时，着重检查服务人员仪容仪表、服务规范、主动性服务等方面，当客流高峰时，则着重检查排队分流、客户关怀等方面。

　　强化巡检标准：比如在案例中提到的，微笑和化妆的标准，如果仅仅要求：化淡妆，微笑服务。这样员工是没有明确的执行方向和标准的，而且巡检的人也会觉得无从下手。如果你把微笑服务的巡检标准定为：当客户进入营业员视线3米距离时，先站起来看着客户的眼睛，再露出八颗牙齿。而在客户进门、送别和与客户交流到一些语气沉重的内容时必须微笑。化淡妆的要求也明晰为：眼睛、嘴唇、脸颊这3个部位必须化妆，化妆的程度也要有规定。这样的微笑和化妆标准就可以被每个人进行巡检时使用，巡检时作为标准要求员工，营业员也知道自己该如何改进。

现场管理三看
三问

现场管理三看、三问是很关键的现场管理方法，通过三看、三问，才能让店长们学会科学而系统地管理营业厅，让营业厅所有的工作以最关键的要素呈现出来。

那么三看是看什么呢，三问是问什么呢？三看，指的是店长在营业厅以客户的眼光看设备、看环境、看流程这三个动作；三问，指的是店长在三看找到问题后，针对这三个动作进行的要求，它们分别是：是否有记录、是否够清晰、是否可执行。那如何来理解三看三问呢，我们来看看这个案例：

案例

在外学习了4天的小张回到了自己的营业厅，进门后在营业厅走了几步就发现4台自助终端机上有两台都贴着提示："系统故障"，而再走到台席上，不仅看到了客户留下的空水瓶卡在显示器与台席的缝里，连台席旁边的绿色植物盆里还看到了卡托……

回到体验区，不少新购机客户在排队下载应用，由于时间略有点长，客户都不耐烦起来，甚至有人高声问营业员："不下了不行吗？这么浪费时间！"

看到这样的情况，恐怕你也要皱眉头了吧。不错，有些店长就好像是营业厅的"定海神针"，只有他在营业厅，才能一切风平浪静，而一旦他不在现场，大家都不知道怎么工作了。

当店长通过三看看出了问题，就用三问来反思，看看可以从哪些地方下手改进，并且更重要的是，当一切工作记录化、可执行化以后，才能谈得上放手让员工去做，否则仍会是混乱一堆。

锦 囊

记录化让设备问题有据可查。比如说到我们的营业厅设备，往往当店长发现问题时，店长想的第一件事就是自己动手维修，而修好就把这样的问题记录方式给忘了，下次再有问题，我们还会继续修。但如果一旦这样的问题集中出现或严重起来，当有机会向领导反映问题时，你没有任何的纸面记录，这样只能让人觉得你的管理太粗放了。店长们可以按照："日期、时间、故障描述、修复时间"等元素设计一个表格，当设备有问题时就进行记录。

清晰化是让环境共同清理的好方法。环境卫生不能只靠保洁来完成，很多时候随着客流量的增加，都需要我们营业员时刻保持台席及关键区域的卫生情况，那么我们能不能让台席物品摆放整齐，最重要的是让营业员自己就能主动地摆放整齐，如果能每个台席的整齐水平都保持一致那就太完美了。如何做到这种境界呢，比如我们能不能使用一些小道具，在台席上进行常用物品的摆放位置提示，培养营业员在物品归类上的习惯，当习惯养成之后，你就会发现，整理台席及重点区域的工作不是只有你干，大家都干得很好，而且每个台席标准统一，非常好地达到了台席 5S 的标准。

可执行化是流程制定的唯一标准。流程是否符合客户的需要，评价的人只有一个，那就是客户。当客户明显地感到流程让他不愉快了，让他浪费时间了，这个流程就有改进的必要。